Mariana Caplan

W0051942

Verwandle
Misserfolg in Erfolg

Gewinnen durch Verlieren

Verlag Via Nova

Mariana Caplan

Verwandle Misserfolg in Erfolg

Gewinnen durch Verlieren

Verlag Via Nova

Übersetzung aus dem Englischen:
Ulrike Kraemer

Originaltitel:
The Way of Failure
Winning through Losing
Copyright © 2001, Mariana Caplan

Zuerst erschienen bei:
Hohm Press
P O Box 2501
Prescott, Arizona 86302
U.S.A.

1. Auflage 2003
Verlag Via Nova, Neißer Straße 9, 36100 Petersberg
Telefon und Fax: (06 61) 6 29 73
E-Mail: info@verlag-vianova.com
Internet:
www.verlag-vianova.de
www.transpersonal.com
Gestaltung des Buchtitels: Klaus Holitzka, 64756 Mossautal
Satz: typo-service kliem, 97647 Neustädtles
Druck und Verarbeitung: Rindt-Druck, 36037 Fulda

© Alle Rechte vorbehalten
ISBN 3-936486-17-4

Widmung

Für meine Mutter, Mollie Caplan,
die mich bisweilen im Stich gelassen hat,
und die auch ich bisweilen im Stich gelassen habe,
die ich aber in meinem innersten Herzen bewahre.
Ewig.

Absolut klar

Gib deine Einsamkeit
nicht so ohne weiteres auf.
Lasse sie ein wenig tiefer in dich eindringen.

Lasse zu, dass sie dich einem Prozess der Gärung und der Reife
unterzieht,
wie es nur wenige menschliche
oder sogar göttliche Zutaten können.

Etwas, das heute Abend in meinem Herzen fehlt,
hat meine Augen so weich,
meine Stimme
so sanft,

mein Bedürfnis nach Gott
so absolut
klar werden lassen.

– Hafiz

Danksagungen

Sollte ich all jenen Menschen Dank sagen, die mir bis zum jetzigen Zeitpunkt in meinem Leben geholfen haben, zu „versagen", und deren Hilfe aus diesem Grunde unbezahlbar ist, weil sie es mir ermöglicht hat, dieses Projekt „erfolgreich" zu Ende zu bringen, dann müsste dieses Buch doppelt so dick sein, nur um Raum für angemessene Danksagungen zu schaffen. Ihr alle wisst, wer ihr seid, und ich kann nur auf eure Vergebung und Absolution hoffen. Vermutlich werde ich euch auch weiter im Stich lassen, und ich werde stets und immer wieder auf eure Vergebung hoffen.

Ganz besonders möchte ich Lee Lozowick dafür danken, dass er mich fortwährend über meine wahrgenommenen Grenzen hinaus antreibt und mich daran erinnert, meine allerhöchste Verpflichtung einzuhalten. Ich hoffe, dass du niemals aufhören wirst, Perfektion von mir zu verlangen, auch wenn das Scheitern unvermeidlich ist, und dass du mich an mein Gelöbnis erinnern wirst, dem Leben in Gänze und ohne Einschränkung zu dienen, auch wenn ich so tue, als hätte ich einer solch befreienden und von Gnade erfüllten Aufgabe niemals zugestimmt.

Darüber hinaus möchte ich meiner Herausgeberin und lieben Freundin, Regina Sara Ryan, ganz aufrichtig für ihre großzügige und verlässliche Hilfe danken, ebenso Thom Shelby, dem engagierten Publizisten von Hohm Press, und Kim Johansen, dem Graphikdesigner „par excellence".

9

Inhaltsverzeichnis

Einführung

Das vorliegende Buch, das Sie nun lesen werden, handelt vom VERSAGEN[1]. Es handelt vom VERLIEREN. Wenn Sie dieses Buch zu Ende gelesen haben, werden Ihre Vorstellungen von Versagen und Verlieren hoffentlich eine tiefgreifende Neuordnung erfahren haben, aber erst, nachdem Sie noch einmal über die häufigsten Misserfolge des menschlichen Lebens nachgedacht haben.

Sie hätten sich auch dafür entscheiden können, eines von fünftausend Büchern über alle möglichen Formen von Erfolg, Selbstverbesserung, neue Schlüssel zum Glück, nie da gewesene sexuelle Freuden oder unglaublichen finanziellen Gewinn zu lesen. Statt dessen haben Sie sich jedoch dafür entschieden, ein Buch über das *Versagen* zu lesen, das zu schreiben ich mich zuvor entschieden habe, und diese Entscheidung haben wir getroffen, weil wir uns der Tatsache bewusst sind, dass das Versagen ein unvermeidlicher und sogar ganz wesentlicher Aspekt im Leben aller Menschen ist. Wir Menschen leben mit dem Versagen, es ist eine Erfahrung, die wir sehr häufig machen. Und irgendwo in unserem Inneren erahnen wir intuitiv die Möglichkeit, dass wir das Versagen auf eine tief greifende Weise annehmen können, so dass es zu einem Nährboden

---

1 Anm. der Übersetzerin: Das englische Wort „FAILURE" (Verb: to fail), das der Schlüsselbegriff des vorliegenden Buches ist, kann im Deutschen nicht immer mit ein und demselben Begriff übersetzt werden. Deshalb sind nachfolgend einige Übersetzungsbeispiele angeführt:

Failure: (a) Versagen; Misserfolg; Fehlschlag; Scheitern; vergeblicher Versuch, etwas zu tun;
        (b) Versager; Niete;
        (c) Versäumnis;
        (d) Verschlechterung (eines Zustandes);
        (e) Ausfall (z. B. einer Maschine); Ausbleiben (z.B. der Ernte).

to fail: (a) versagen; scheitern; keinen Erfolg haben; fehlschlagen; misslingen; durchfallen (z. B. durch eine Prüfung);
        (b) es versäumen, etwas zu tun;
        (c) sich verschlechtern (Zustand);
        (d) ausfallen, versagen (z. B. Maschine); ausbleiben (z. B. Ernte);
        (e) (jemanden) im Stich lassen; (jemanden) enttäuschen.

Im Buch wird immer der Begriff benutzt, der im jeweiligen Zusammenhang am besten passt.

für die Seele transformiert wird – für eine Seele, die aus der *Realität* menschlicher Erfahrung und nicht aus einer unerreichbaren Phantasievorstellung heraus gedeiht.

Wenn wir einen Blick auf unsere Mitmenschen werfen, wird schnell deutlich, dass sie alle Erfolg im Leben haben wollen. Alle Menschen, in jedem Winkel der Erde und unabhängig von Geschlecht, Überzeugung, Kultur oder Religion, versuchen erfolgreich zu sein. Ob jemand nun an der Wall Street arbeitet und versucht, seine erste Million zu verdienen, ob ein Arbeiter in Indien versucht, ein paar Rupien zu verdienen, damit er seinen Kindern etwas zu essen kaufen kann, oder ob ein Bettler in den Straßen von Paris versucht, genug Geld zu erbetteln, damit er sich etwas zu trinken kaufen kann – auf seine eigene Weise versucht jeder von uns, erfolgreich zu sein. Wir versuchen zu gewinnen. Unbewusst nehmen wir das Leben als ein Rennen wahr, in dem es gilt, den Tod zu überwinden, und alle unsere Handlungen – von der alltäglichsten Geste bis hin zum allergrößten Unternehmen – sind in erster Linie Funktion und Ausdruck unseres Überlebenswillens und unserer Angst vor dem Tod. Wir glauben, dass wir verlieren, wenn wir nicht „gewinnen", dass wir verlieren, wenn wir nicht das bekommen, von dem wir glauben, dass wir es haben wollen, und zwar auf die Weise, in der wir meinen, es haben zu wollen – dass wir die Chance verloren haben, glücklich zu sein, frei von Leid zu sein, Leben und Tod besiegt zu haben. Es ist nicht so, dass alle diese Glaubenssätze uns auch bewusst sind. Sie stellen vielmehr die unbewusste Struktur dar, die als Bezugspunkt für die meisten unserer kleinen und großen Lebensentscheidungen dient. Wir begreifen das sogenannte Versagen und Verlieren nicht als die Geschenke, die sie in Wirklichkeit sind.

In der Zeit, die zwischen dem Entstehen der Idee zu diesem Buch und seiner Druckreife liegt, habe ich viele Dinge verloren: meinen langjährigen Lebenspartner, meine Mutter, die an Krebs stirbt, mein früheres Zuhause, mein Gefühl für Sicherheit, meine Vision im Hinblick auf das, was mein Leben sein sollte, und einen kleinen Berg von Glaubenssätzen darüber, wer ich zu sein meinte. Vielleicht noch mehr als alles andere habe ich meine Überzeugung verloren, das Leben kontrollieren zu können. Ich traf auf Kräfte, die einfach jenseits meiner gut entwickelten Fähigkeit lagen, das Leben und die Umstände zu manipulieren. Die Verluste haben mich zur Trauer geführt, die Trauer aber hat mich zur Liebe geführt, und in der Liebe beginne ich nun endlich, eine Fülle zu erfahren, von der ich zuvor nur gehört hatte. Ich schrieb über den Weg des Versagens, und dann *erfuhr* ich diesen Weg. Es wäre naiv von mir, wenn ich ein ganzes Buch über den Wert von Verlust, bewusstem Leiden und Enttäuschung schreiben und dann annehmen würde, die Fehlschläge, die ich in meinem eigenen Leben erleide, seien rein zufällig, oder ich sei irgendwie ein Opfer der Umstände. Wenn man der Welt die profunde Tiefe des Verstehens, die aus dem Verlieren entstehen kann, erst einmal kundgetan hat, kann man sich für scheinbare Misserfolge, von denen man weiß, dass sie zu wertvollen Aktivposten werden können, nicht länger verurteilen oder sich von ihnen abwenden.

In der Tat ist das sogenannte „Versagen" zu meinem wahren Freund geworden. Ich kann meine zahllosen offensichtlichen Misserfolge nicht mehr von meinen ebenso zahlreichen scheinbaren Erfolgen unterscheiden, und ich kann auch nicht behaupten, dass ich immer weiß, welches von beiden es gerade ist. Sehr häufig verwischen sich Erfolg und Misserfolg zu einem Fluss sich ständig verändernder Erfahrung, den ich nur als „mein Leben" bezeichnen kann. Die vielen Fehlschläge während dieser letzten Monate haben im Hinblick darauf, wer ich bin und wo meine Stärken und Schwächen liegen, ein weitaus realistischeres Bild offenbart. Ich gebe zu, dass diese Offenbarung zumeist nicht sehr angenehm war. Bei vielen Dingen, die ich einmal von mir selbst geglaubt habe, hat die Ernüchterung mich eingeholt, doch dieses „Entblößen" hat mir auch Klarheit gebracht. Der Prozess der Demütigung durch meine Misserfolge hat mich wund und offen zurückgelassen, dadurch aber auch merklich erreichbarer für das Leben und für die Menschen, die ich liebe. Als jemand, der sich hinter einem Strom des Erfolgs verborgen hielt, haben meine Misserfolge mich realer und verbundener werden lassen, und schließlich haben sie mich aufgefordert, nicht länger darauf zu bestehen, dass ich von anderen Menschen getrennt bin. Dies sind nur einige Früchte der frühen Ernte, Früchte, die für jeden verfügbar sind, der den Weg des Versagens geht.

So wird, indem wir uns dem Versagen zu seinen eigenen Bedingungen öffnen, eine neue Art von Erfolg greifbar. Es gibt eine Form von Selbstwert, die allem Gewinnen und Verlieren zugrunde liegt. In unserem Inneren gibt es einen Ort, der nicht vom Fluss sich ständig ändernder Umstände abhängig ist. Wenn uns der Boden unter den Füßen weggezogen wird (was häufig der Fall ist, wenn wir einen Misserfolg erfahren) und wir feststellen, dass wir trotzdem noch stehen, dann entdecken wir langsam etwas, das wir als Bodenlosigkeit bezeichnen könnten. Wenn wir durch einen Verlust nach dem anderen schließlich für das wirkliche Leben erreichbar werden, ändert sich der Maßstab für den Erfolg. Wenn wir anfangen, unsere Vorstellung vom Versagen selbst zu untergraben, besonders den Morast aus Schlussfolgerungen, die wir über uns selbst auf der Grundlage dessen ziehen, was wir von Anfang an missverstanden haben, dann verändern wir uns tatsächlich – wenn auch zuerst vielleicht unmerklich. Wir lernen, dass authentischer Erfolg an der Qualität unseres Menschlichseins und unseres Daseins gemessen wird, nicht an den Hochs und Tiefs, die das ständige Markenzeichen der inneren und äußeren Ereignisse in unserem Leben sind.

Was ist die wahre Natur dieses Versagens, das wir so fürchten? Ist es etwas Wirkliches, oder ist es nur der Unterschied zwischen den Erwartungen, die wir an das Leben und uns selbst haben, und dem, was wirklich geschieht? Ist es sicher, dass wir überhaupt versagen können? Und wenn wir tatsächlich versagen können, rührt unser Versagen daher, dass wir „es falsch gemacht haben", oder liegt es daran, dass wir durch idealisierte und unrealistische Erwartungen enttäuscht sind, die wir ganz allein an uns selbst und an das Leben gestellt haben?

Versagen ist ein großes Paradoxon. Einerseits versagen wir ständig. Wir hätten es besser machen können, und wir haben es nicht getan. Wir haben das Ziel verfehlt. Wir haben uns selbst und andere verraten. Wir haben die Dinge verpfuscht. Wenn wir andererseits jedoch lernen, das Versagen als Pforte zum Selbstverständnis zu benutzen, und wenn es uns insbesondere gelingt, schon allein die Vorstellung, dass wir versagen könnten, zu entwurzeln, dann stellen wir fest, dass wir gar nicht versagen können. Beides ist wahr: Wir versagen, und wir können nicht versagen. *Verwandle Misserfolg in Erfolg* handelt von diesen Dingen und von jedem großen und kleinen Misserfolg, der dazwischen liegt.

Verwandle Misserfolg in Erfolg ist die realistische Erforschung der zutiefst gewöhnlichen und zugleich außergewöhnlichen Realität, inmitten eines extrem herausfordernden und oftmals frustrierenden Umstandes, den man Leben nennt, ein Leben der Integrität und der Zufriedenheit führen zu wollen. Es ist der leidenschaftliche Aufruf, unser Leben so zu erfüllen, wie es jetzt ist, statt spirituelle Ideale nur als Narkosemittel zu benutzen, um unsere Gefühle von Enttäuschung und Ernüchterung zu betäuben. *Verwandle Misserfolg in Erfolg* verkörpert die Möglichkeit, am unwahrscheinlichsten und unerwartetsten aller Orte Erfolg zu haben – im dunklen, elenden und am meisten gemiedenen Verlies des Verlustes selbst. Es ist genau der Ort, an den wir nicht gehen wollen, aber auch der Ort, der auf uns wartet, ganz gleich, wo wir uns verbergen.

Das Versagen kann man nicht hintergehen. Wir können nicht so tun, als würden wir uns dem Weg des Versagens öffnen, und dann erwarten, dass alle Gewinne uns gehören. Wir werden enttäuscht sein. Der Weg des Versagens kennt keine Abkürzung. Es ist ein großartiges Gefühl, wenn wir die Ziellinie überqueren, aber das Training ist ziemlich hart. Versagen fühlt sich nicht wie Erfolg an. Ganz oft fühlt es sich an wie totaler, bitterer und untröstlicher Kummer. Wenn wir jedoch versagen müssen, ganz gleich, was wir tun, und wenn ein absichtliches Einlassen auf das Versagen wesentlich mehr Gewinne abwirft als der Versuch einer Buße, warum sollten wir dann nicht riskieren, darauf zuzugehen? Was haben wir zu verlieren – wirklich?

Der Höhepunkt meiner persönlichen Einweihung in den Weg des Versagens fand erst vor kurzer Zeit statt. Als mein Wecker klingelte, war ich so tief in Schlaf versunken, dass ich meinen Bezug zu Raum und Situation völlig verloren hatte. Ich stellte den Wecker automatisch ab, aber ich hatte keine Ahnung, wo ich war oder was in meinem Leben vorging. Vage Bilder geisterten durch meinen Kopf: Jemand war krank, und ein paar wirklich gute und einige ganz schreckliche Dinge waren geschehen. Möglicherweise war ich immer noch im Ausland, vielleicht aber auch in Kalifornien, oder vielleicht war ich auch ganz woanders hin gereist. Statt jedoch in meinem Verstand herumzuhuschen, um festzustellen, wo ich mich befand, wie ich es früher getan hätte, war mein erster bewusster Gedanke: „Ganz egal, was es ist – es ist in Ordnung, und ich bin in Ordnung." Ob die Umstände nun günstig waren oder nicht, ich konnte es zulassen. Ob meine gegenwärtige Situation sicher oder unsicher war, ich konnte damit umgehen. Wenn es Kummer oder

Enttäuschung gab, würde ich hindurchgehen. Wenn es Freude gab, wunderbar. Erfolg und Misserfolg, beides war in Ordndung, weil ich im wesentlichen in Ordnung war. Das eingebildete Versagen hatte seinen Halt über mich verloren. Ich stand auf und trat meinen neuen Lehrauftrag an der Universität an, sehr glücklich darüber, dass fünfzehn Jahre spirituellen Lebens nun endlich begannen, sich auszuzahlen.

Wenn Versagen und Verlieren zu Sprungbrettern auf dem Weg hin zur Vertiefung unserer Lebenserfahrung in all ihren Schrecken und ihrer Herrlichkeit werden, dann haben wir den Weg des Versagens betreten. Wenn wir das Versagen nicht nur achten, sondern auch schätzen lernen, geht es mit sehr großer Freigiebigkeit darauf ein, entzückt, dass wir uns nicht vom Wesentlichen unseres eigenen Lebens abgewendet haben, und glücklich, alles in seiner Macht Stehende zu tun, um die Vertiefung unserer Erfahrung zu schmieden.

Wir gehen nach vorn und nach unten.

Kapitel 1

Die Investition in Verlust

In Verlust investieren – das klingt wirklich äußerst seltsam. Innere und äußere Ressourcen absichtlich auf den Tisch des Versagens zu legen und zu wissen, dass wir sie verlieren werden, scheint beinahe absurd zu sein. Das ist es aber nicht. Wenn wir lernen, den Wert von Verlust zu achten – dass wir durch ihn etwas bekommen, das nichts anderes uns geben kann –, dann stellen wir fest, dass wir seltsame Dinge tun, deren Ergebnisse ebenso überraschend sind.

Der entscheidende Punkt, den wir verstehen müssen, ist, dass wir Verlust und Versagen bereits unser eigen nennen. Wir alle machen diese Erfahrungen immer wieder, und das wird – mehr oder weniger stark ausgeprägt – für den Rest unseres Lebens so bleiben. Der Unterschied besteht einzig und allein darin, ob wir unsere Verluste „spielen" oder ob wir das Spiel aufgeben. Wenn wir aufgeben, dann haben wir bereits verloren; wenn wir das Spiel fortsetzen, kann etwas anderes geschehen.

Paradoxerweise können wir durch unsere Investition in Verlust viel mehr „gewinnen" als durch unsere Investitionen in das Gewinnen. Wir gewinnen, indem wir unsere Absicht bewusst darauf ausrichten, die vielen Verluste, Misserfolge, Lügen und Erwartungen zu erfahren, aus denen die Traumwelt des Ego besteht, denn dadurch lassen wir zu, dass die Falschheit unseres egozentrischen Lebens fortfallen und so die Realität selbst offenbart werden kann. Allein unser Mangel an Verständnis für die Rolle, die der Verlust in unserem Leben spielt, lässt uns darauf beharren, unbedingt gewinnen zu wollen!

Wenn wir Verlust und Enttäuschung im Rahmen unserer herkömmlichen Definition von Versagen verstehen – die im wesentlichen lautet, dass wir versagt haben (Selbstvorwürfe) oder dass jemand anders uns im Stich gelassen hat (projizierte Schuld) –, können wir nicht allzu viel damit anfangen. Mit solchen Definitionen verfangen wir uns nur in überholten psychologischen Vorstellungen und Versagensmustern. Wir ertragen die Verluste, lenken uns ab und versuchen, sie zu kompensieren, indem wir uns etwas Gutes tun oder zumindest Unmengen an Schokolade oder Wein konsumieren, und dann gehen wir weiter. Wenn wir das unvermeidliche Versagen und den unvermeidlichen Verlust hingegen als einen wesentlichen Bestandteil unseres Lebens annehmen können, dann sind das sogenannte Versagen und der sogenannte Verlust nicht länger das, was sie einmal waren. Statt dessen werden sie zu geheimen Türen, hinter denen sich Wege verbergen, die uns direkt zur möglichen Erfüllung unserer eigenen Menschlichkeit hinführen. Plötzlich sind wir bereit, alle unsere Ressourcen zu investieren, um durch diese Türen gehen zu können.

Ist es nicht merkwürdig, dass wir etwas als *Misserfolg* bezeichnen, sobald es nicht so läuft, wie es das unserer Meinung nach tun sollte? Wenn das Universum *meinen* Wünschen, *meinem* Perfektionismus, *meinen* Vorlieben nicht entspricht, dann gehe ich davon aus, dass ich versagt habe. Wenn ich zum Beispiel etwas nicht so gut kann, wie ich es meiner Meinung nach können sollte, habe ich versagt. Wenn ich die Arbeitsstelle, die ich haben wollte, nicht bekomme, habe ich versagt. Wenn meine Gefühle nicht jeden Tag glücklich und liebevoll sind, habe ich versagt. Wenn mein Essen anbrennt, habe ich versagt. Wenn meine Kinder Drogen nehmen, habe ich versagt. Wenn mein Mann mich verlässt, habe ich versagt, und wenn mein Hund stirbt, habe ich versagt. Wenn wir einmal die Grenzen dessen erforschen, was wir Menschen unbewusst in die Kategorie „Versagen" einordnen – welchen Namen wir ihm auch immer geben –, dann wird es schwer, *irgendetwas* richtig zu machen.

***

Auch wenn wir hier nicht den gesamten Inhalt einführender Psychologie und Spiritualität besprechen wollen, so müssen wir trotzdem verstehen, wo unser Wunsch, gewinnen zu wollen, und die Stärke unseres Widerstandes gegen das Verlieren herrühren. Indem wir das tun, können wir nicht nur die Tiefe dessen erfassen, was das Versagen in uns symbolisiert, sondern auch die innere Stärke erkennen, die wir erlangen können, indem wir zu diesen primären Kräften unserer Psyche eine neue Beziehung eingehen.

Ein menschlicher Säugling – im wesentlichen ganz und ohne wahrgenommene Trennung von Gott geboren – wird sofort in eine Welt der Dualität, der Verschiedenheit und der Trennung gestürzt. Oft nimmt schon vor der Geburt die Vorstellung eines Ego, eines getrennten Selbst, im Säugling Gestalt an, die ihn während seines ganzen Lebens nicht mehr verlassen wird. Sogar die ganz wenigen Menschen, die nie einen größeren Verrat erfahren als den unvermeidlichen Bruch der Einheit mit Gott, leiden unbewusst unter dem Verlust der Erinnerung an dieses Einssein und unter einer Sehnsucht danach, dass sie zurückkehren möge.

Neben dem unvermeidlichen, wahrgenommenen Verlust der Einheit mit Gott machen die meisten Säuglinge und Kleinkinder im Westen an einem frühen Punkt ihres Lebens mindestens eine, oft aber auch mehrere Erfahrungen eines profunden psychologischen Verrats. Die Auslöser hierfür können unmittelbarer Natur sein, wie sexueller, körperlicher oder verbaler Missbrauch, rühren aber ebenso wahrscheinlich von subtilen oder unabsichtlichen Vorfällen her. Dazu gehört zum Beispiel, dass die Mutter es versäumt, sich sofort um ihr Kind zu kümmern, wenn es mitten in der Nacht hungrig aufwacht. Auch eine unwissentliche Beschämung des Kindes, wenn es ins Bett genässt hat, oder beliebige andere unbewusste und durchaus menschliche Verhaltensweisen, die selbst die allerbesten Eltern an den Tag legen, können der Auslöser sein. Trotz liebevollster Absichten ist es dem Kind mehr oder weniger vorherbestimmt, das Gefühl eines Urverlustes zu erfahren, das seine Eltern sich gar nicht vorstellen können, da sie den größten Teil ihres Lebens daran gewöhnt sind, in einem solchen Zustand des Verlustes zu leben.

In der Regel verinnerlicht das Kind diesen ursprünglichen Verlust unbewusst, um ihn dann zu vergessen. Anschließend bringt es unzählige Jahre damit zu, sich mit einer endlosen Zahl von Zerstreuungen zu beschäftigen, um diesen ursprünglichen Verlustgefühlen zu entkommen, denn für das Kind waren diese Gefühle schier unerträglich. Abhängigkeiten, ungesunde Beziehungen, alle Formen von Neurose und ein grundlegendes Verschließen und Ducken vor dem Leben sind nur einige der Symptome, die Menschen in ihrem Versuch, Gefühle von Verrat und Verlust zu lindern, zum Ausdruck bringen. Tatsächlich ist ein sehr großer, wenn nicht sogar der größte Teil unseres Lebens Ausdruck dieses Verlustes.

Ein Beispiel dafür, dass wir unseren Verlustgefühlen aus dem Weg gehen, ist, dass wir oft ängstlich zur Seite zu schauen, wenn wir auf der Straße einem obdachlosen Menschen begegnen. Wir mögen glauben, dass wir Angst davor haben, belästigt oder angepöbelt zu werden, doch in Wahrheit haben wir Angst vor den unangenehmen Gefühlen, die in uns hochkommen, wenn wir darüber nachdenken, unter welchen Umständen er lebt. Ein anderes Beispiel ist, dass wir uns eine Zigarette anzünden oder den Kühlschrank aufmachen, sobald man uns kritisiert oder darum bittet, einmal zu überlegen, ob wir etwas übersehen haben. Damit sagen wir „nein" zu Versagen und Verlust. Wenn eine Freundin uns ihre Sorgen anvertraut und wir den Impuls verspüren, sie zu trösten, damit es ihr besser geht, statt bereit zu sein, gemeinsam mit ihr diese Traurigkeit zu berühren, dann wenden wir uns von diesem Verlust ab. Natürlich wenden wir uns nur von dem Verlust ab, den ein anderer Mensch empfindet, denn wenn wir seinen Verlust erfahren, erfahren wir unseren eigenen. Versagen und Verlust sind uns allen gemeinsam, und daher können wir die Erfahrung des Verlustes nicht mit jemand anderem teilen, wenn wir unseren eigenen Verlust nie gespürt haben.

Wenn wir anfangen, die Natur von Versagen und Verlust zu begreifen – das Ausmaß der tiefen Angst und des eingebildeten Verrats, vor dem wir alle davonlaufen, auch wenn wir es noch nicht einmal wissen –, dann verstehen wir auch eher und mit größerem Mitgefühl, *warum* die Angestellte an der Kasse im Supermarkt so verlassen aussieht, *warum* der Kassierer in der Bank sich uns gegenüber so schmerzhaft mechanisch verhält, oder vielleicht sogar, *warum* wir unsere eigenen Kinder misshandeln. Wir glauben, dass der nicht gefühlte Schmerz einer früheren Realität *unerträglich* sein wird, wenn wir ihn wahrnehmen, und deshalb müssen wir ihn um jeden Preis verleugnen, auch wenn der Preis darin besteht, dass wir uns selbst oder die Menschen verletzen, die wir am meisten lieben.

***

Es ist verständlich, dass das Kind sich von dem Verlust abwendet, doch der heranreifende Erwachsene, der *leben* will, kann es sich nicht leisten, sich immerzu abzuwenden. Irgendwann müssen wir uns dem Versagen und dem Verlust wieder zuwenden, um die größere Fülle, die das Leben zu bieten hat, zu umarmen.

Wenn wir das Leben betrachten, dann sehen wir, dass es mit der Geburt beginnt, die wir mit Gewinnen, Erfolg und Glücklichsein verbinden, und dass es mit dem Tod endet, den wir mit Verlieren, Versagen und Kummer verbinden. Und doch wissen wir alle, dass, aus einer anderen Perspektive betrachtet, Geburt und Tod nicht voneinander zu trennen sind, weil das Leben eine Reihe von Zyklen aus Geburt und Tod *ist*. Selbst der Tag muss sterben, damit die Nacht geboren werden kann, und unser eigener Sohn muss seine Jugend opfern, um als Mann wiedergeboren zu werden. Damit die Menschen sich auf eine höhere Intelligenz im Universum ausrichten können – eine Intelligenz, die ein enorm starkes Gefühl der Zugehörigkeit zur Welt erzeugt –, müssen sie die Gesetze dieser Intelligenz, zu denen Verlieren und Gewinnen, Geburt und Tod gehören, notwendigerweise achten und akzeptieren. Wenn wir nur Freude und Erfolg umarmen wollen, unsere Misserfolge und Verluste dagegen voller Entsetzen ertragen, dann leben wir unser Leben nur zum Teil, und unsere Ideale von spirituellem Wachstum und Transformation bleiben auf ewig unerfüllt und in weiter Ferne.

Es liegt auf der Hand, dass das Hinwenden zu Versagen und Verlust nicht einfach darin besteht, zu sagen: „In Ordnung. Ich nehme allen Schmerz und Kummer wahr, den es in meinem Leben gibt, und wenn ich schon mal dabei bin, auch noch den aller anderen Leute, damit ich den Misserfolg umarmen und ein erfülltes Leben führen kann." Oft ist unsere gesamte Persönlichkeit auf das Ziel ausgerichtet, genau diesen Gefühlen aus dem Wege zu gehen (Beispiele dafür sind der Komiker, der unverwundbare, hartgesottene Typ, aber auch der Opfertyp, der Depressive). Das bedeutet, dass *alles, was und wer wir sind* – nicht im höchsten Sinne, aber doch alles, was wir zu sein glauben –, eine Vermeidung dieses Verlustes ist.

Der Prozess, in dem wir uns dem Verlust wieder zuwenden, beginnt einfach damit, dass wir bereitwillig anerkennen, dass wir einen dunklen und verborgenen Schatz hüten, den wir Verlust nennen. Der nächste Schritt besteht darin, dass wir die *Absicht* entstehen lassen, diese verborgene innere Quelle zu suchen. Das Wagnis, die Domäne des Versagens zu betreten, besteht in nicht mehr als der freiwilligen Geste, uns für kurze Zeit von unserer Besessenheit im Hinblick auf Erfolg und Gewinn zu lösen, um nachzuschauen, ob uns dort etwas von Wert erwartet.

***

Bewusstes Leiden ist der Prozess, durch den wir lernen, unsere eingebildeten Misserfolge in Früchte der Seele zu transformieren. Der Begriff selbst ist ein Paradoxon, denn alles, dem wir unser Bewusstsein zuwenden, verändert die Zusammensetzung der Sache selbst, und deshalb ist bewusstes Leiden etwas ganz anderes als unsere normale Erfahrung von Leiden. In der Regel betrachten wir Leiden als etwas, das nicht wünschenswert ist. Wir gehen ihm um jeden Preis aus dem Weg, und wenn wir ihm begegnen, dann machen wir uns starr und wenden uns von ihm fort. Das Leiden ist der Feind, widrige Umstände sind der Täter, und wir sind das Opfer des Universums. Im bewussten Leiden hingegen achten wir die Fähigkeit des Leidens, tiefe Spuren der Weisheit und des Mitgefühls in uns zu schmieden. Wir wenden uns nicht nur nicht mehr vom Leiden fort, sondern wir lassen uns bewusst auf Umstände ein, die uns Unbehagen oder Verlust verursachen, wenn wir das Gefühl haben, dass es dabei etwas zu gewinnen gibt. Bewusstes Leiden bedeutet tatsächlich, dass wir uns unserem Leiden zuwenden, statt vor ihm davonzulaufen. Wir lassen das Licht unserer Bewusstheit und unserer inneren Stärke darauf leuchten, und dadurch verändert es sich.

Wenn wir den Verlust akzeptieren, findet in unserem Körper ein alchemistischer Prozess – ein Prozess der Transformation – statt. Der *Athanor* war der Ofen, den die Alchemisten früher verwendeten, um Blei in Gold zu verwandeln. Sie nahmen etwas, das die Menschen für wertlos hielten, und verwandelten es in Reichtümer. In gleicher Weise verwandelt der Prozess, in dem wir das Verlieren selbst akzeptieren – im Gegensatz zur Erfahrung eines bestimmten Verlustes –, das, was wir für eine beängstigende oder „schlechte" Begebenheit oder Situation hielten, in etwas Wertvolles, auch wenn es unsichtbar ist. Unser Verlust wird sozusagen „alchemisiert", er verwandelt sich in ein Verständnis für die menschliche Natur, in Mitgefühl, in Klarheit. Vormals starre Abwehrkräfte werden weich und formbar, das, wovor wir uns verborgen hielten, wird ein offenes Geheimnis, und unsere Verletzlichkeit wird zu unserer Stärke.

„Gute Situation, schlechte Situation; schlechte Situation, gute Situation", ist ein Zitat des zeitgenössischen Zen-Meisters Seung Sahn. Damit will er sagen, dass wir, wenn alles gut läuft – wenn wir „gewinnen" –, oftmals so tief in unseren Erfolg versunken sind, dass wir den Rest der Realität und dazu jeden und alles ausblenden, was unserem Vergnügen im Weg zu stehen droht. Unsere „gute" Situation mag großartig für das Ego sein, aber sie ist nicht immer die optimale Situation für das spirituelle Wachstum insgesamt, während sogenannte „schlechte" Situationen im Leben oft die fruchtbarsten Gelegenheiten darstellen, unser Verständnis für das Leben selbst und auch unsere Fähigkeit, Mitgefühl zu empfinden, zu vertiefen.

Als der große tibetische Meister Chogyam Trungpa Rinpoche gefragt wurde, was er tue, wenn er sich in einer Situation befinde, in der er großem Stress, Chaos, Schmerz und Unbehagen ausgesetzt sei – von den Anhängern seiner Tradition als „Höllenreich" bezeichnet –, antwortete er: „Ich versuche, so lange dort zu bleiben, wie ich nur kann." Wie viele Menschen können von sich behaupten, dass sie überhaupt willens sind, ein Höllenreich zu betreten, ohne den ganzen Weg hinab um sich zu treten und zu schreien, ganz zu schweigen davon, sich auch noch freiwillig dort niederzulassen?! Trungpa Rinpoche hingegen würde so lange wie möglich dort bleiben, denn die Entwicklung der Fähigkeit, durch die „Höllenreiche" von Verlust, Kummer, Entsetzen und Verwirrung zu navigieren – jene Reiche unseres Unbewussten, die am unangenehmsten und am schwierigsten zu ertragen sind –, gehört zu den größten Fähigkeiten, die wir entdecken können. An irgendeinem Punkt des Lebens erfahren die meisten von uns Krankheit und großen Schmerz, und irgendwann erfahren wir alle den Tod. Wie groß unsere Chance ist, dass wir diese Übergänge zu unserem Vorteil nutzen können, hängt exakt davon ab, ob wir zugelassen haben, Schüler von Misserfolg und Verlust zu sein oder nicht.

Der buddhistische Gelehrte Reginald Ray hat darauf hingewiesen, dass viele Anhänger des Buddhismus bei jeder Erfahrung von Ekstase, Fülle und Freude bewusst nach dem Ort des Leids in der Erfahrung suchen, weil genau dieser Ort die Realität repräsentiert. Auch hier geht es nicht darum, dass wir leiden *wollen*, dass wir Schmerz und Verlust spüren wollen, sondern vielmehr darum, dass wir nach den Kostbarkeiten suchen, die das Akzeptieren dieses Bereichs uns bringen kann.

Damit dieser Punkt noch deutlicher wird, müssen wir zwischen neurotischem Leiden und objektivem Leiden unterscheiden. Neurotisches Leiden ist das, was wir uns unter Leiden häufig vorstellen, doch in Wahrheit ist es nur eine Erfahrung unserer Emotionen, die übertrieben und dramatisiert wird, um die tieferen Gefühle eines tatsächlichen Verlustes zu überdecken. Wenn eine Frau beispielsweise von ihrem Partner verlassen wird und daraufhin anfängt zu trinken, mit anderen Männern zu schlafen und sich stundenlang bei ihren Freundinnen zu beschweren, wie miserabel ihr Leben jetzt ist und wie grausam es von ihm war, sie zu verlassen, dann leidet sie zwar in gewisser Weise, aber es ist ein neurotisches (nicht *schlechtes*) Leiden, und gleichzeitig geht sie der Erfahrung des Verlustes aus dem Weg. Wenn wir durch unser neurotisches Leiden jedoch den sehr realen Schmerz von Verlust und Kummer vertiefen und dieses Gefühl in seiner Gänze erfahren können, dann ist unsere Erfahrung objektiv. Neurotisches Leiden umfasst nicht nur das Leiden selbst, sondern auch unsere Gedanken, Werturteile und Ängste im Hinblick auf unser Leiden, während objektives Leiden genau das ist: Wir leiden unter dem Verlust, und zwar ohne Vorstellungen, ohne Vertuschungen oder Ausreden.

Wenn wir sagen, dass wir in den Verlust investieren wollen, dann bedeutet das nicht, dass wir nun aus jedem emotionalen Drama und jeder schwierigen Erfahrung, vor der wir im Leben stehen, eine Bühnenshow machen. Die Investition in Verlust ist vielmehr eine Bereitschaft, uns den schwierigen Dingen zuzuwenden, die uns in unserem Leben begegnen, statt zu versuchen, jeden Millimeter unserer Erfahrung und jeden Menschen in unserem Leben zu manipulieren und zu kontrollieren, um den Unbequemlichkeiten aus dem Weg zu gehen, die dem Leben eigen und einer seiner wesentlichsten Aspekte sind. Der Sinn, der darin liegt, den Weg des Versagens zu gehen, ist ganz allein der, dass wir erkennen, dass Versagen und Verlieren für das Leben ebenso wesentlich sind wie Erfolg und Gewinnen, und dass wir, indem wir fortwährend versuchen, die Realität des Versagens zu verdrängen, unseren Planeten, uns selbst und unsere Beziehungen zu den Menschen, die uns nahe stehen, beinahe zerstören.

Die anschließenden Kapitel nehmen uns mit auf einen Spaziergang, der uns die Straße des Versagens hinunterführt. Noch einmal: Vielleicht würde niemand, der bei klarem Verstand ist, sich einen scheinbar so wenig verlockenden Rahmen für einen Einkaufsbummel aussuchen, doch es hängt wirklich davon ab, nach welchen Dingen Sie sich umsehen wollen. Wenn Sie nur an einer oberflächlichen Dosis herkömmlichen Glücks interessiert sind: Saks Fifth Avenue liegt nur um die Ecke und ist auch im Internet ganz einfach zu erreichen.

Kapitel 2

Das Versagen der (gewöhnlichen) Liebe

Liebe: die große Aufgabe der Menschheit. Jeder Mensch sehnt sich nach Liebe. Wir sind aus der Liebe heraus geboren, verbringen unser Leben damit, die Liebe zu „bekommen" (oder vielmehr zu entdecken), die uns immer umgibt und doch so schwierig wahrzunehmen ist, und dann sterben wir in die Liebe hinein. Die Realität des Universums ist, dass wir alle umfassend und bedingungslos geliebt werden, aber durch die Umstände in unserer Kultur, unserem Umfeld und unserer Psychologie gelingt es uns häufig nicht, diese Wahrheit zu erkennen. Statt dessen streben wir weiter nach Liebe, als ob sie nicht bereits in ihrer ganzen Fülle verfügbar wäre. Wir alle sehnen uns so schmerzhaft nach Liebe, dass selbst die winzigsten Details unseres Lebens davon bestimmt werden. Wir tun die Dinge, von denen wir glauben, dass sie uns Liebe bringen werden, und wir verwandeln uns sogar in die Menschen, die diese Liebe unserer Meinung nach anziehen. Wir werden oft enttäuscht. Das ist der Fall bei der „Liebe", wie wir sie üblicherweise verstehen.

Um über das Versagen der gewöhnlichen Liebe sprechen zu können, müssen wir zwischen zwei verschiedenen Ausdrucksformen von Liebe unterscheiden. Unter Liebe verstehen wir im allgemeinen die Liebe, die Menschen füreinander empfinden. Wir glauben, Erfolg in der Liebe zu haben, wenn wir eine restlos erfüllende Beziehung zu unserem Partner, unseren Kindern und anderen lieben Freunden und nahestehenden Menschen haben. Das Maß, in dem wir in einem dieser Bereiche eine Schwäche zum Ausdruck bringen, ist in den meisten Fällen zugleich auch das Maß, in dem wir glauben, dass wir in der Liebe vollständig oder zumindest teilweise versagt haben.

Die zweite Form von Liebe betrifft unsere essentielle Fähigkeit zu lieben. Punkt. Es geht nicht darum, *jemanden* zu lieben oder von *jemandem* geliebt zu werden, sondern nur darum, zu lieben. Im Verlauf dieses Buches werde ich immer wieder darauf hinweisen, dass der Erfolg oder Misserfolg, den wir in der ersten Form von Liebe haben, einzig und allein von dieser Fähigkeit zu lieben abhängt.

Lassen Sie uns zunächst die erste Form von Liebe untersuchen, die wir als „romantische" oder „emotionale" Liebe bezeichnen können. Diese Form von Liebe ist eine Aufgabe, die für uns Menschen dermaßen schwierig zu meistern ist, dass nur ganz wenige, wenn man sie dazu drängt, ehrlich zu sein, mit Überzeugung sagen können, dass sie mit der ganzen Fülle, zu der sie fähig sind, geliebt haben. Aus einer Perspektive wird dieses Eingeständnis unseres Versagens in der Liebe erhärtet: Wir sind meist nicht gut darin, zu lieben. Wie ich bereits erwähnt habe und in den nachfolgenden Kapiteln noch weiter deutlich machen werde, liegen die Wurzeln unserer Unfähigkeit zu lieben meist in Verletzungen, die aus der Kindheit herrühren. Doch ganz gleich, wo die Ursache liegt, in diesem Bereich neigen wir Menschen zu Schwächen.

Die meisten von uns wurden nicht richtig geliebt und haben es nicht gelernt, andere zu lieben. Kaum einmal haben wir bei Paaren wirklich starke, liebevolle Beziehungen erlebt. Eines Tages wurde mir bewusst, dass ich erst mit einundzwanzig Jahren zum erstenmal Zeugin einer tief erfüllenden Liebesbeziehung zwischen einem Mann und seiner Frau geworden war. Ich wusste nicht einmal, dass ich keine starken Vorbilder für eine liebevolle Beziehung gehabt hatte, bis ich sie zum ersten Mal erlebte und erkannte, wie überrascht ich war. Nachforschungen bei anderen Menschen ergaben, dass ihre Erfahrungen ganz ähnlich waren.

In der gewöhnlichen Liebe scheitern die meisten von uns im Laufe ihres Lebens immer und immer wieder. Wie lange wir verheiratet sind, kann sicherlich kein Gradmesser für unseren Erfolg in der Liebe sein. Genauso wenig können wir sagen, dass wir gut in der Liebe sind, nur weil wir eine abhängige Beziehung führen, die von anklammernder Zuneigung erfüllt ist, oder weil wir unserem Partner gegenüber nachgiebig und unterwürfig sind, oder weil wir uns anderen gegenüber sehr verträglich zeigen. Einzig und allein unser eigenes Gewissen kann ermessen, ob wir in unserer Liebe erfolgreich waren oder versagt haben, doch in dieser Beziehung ist unsere ehrliche Selbsteinschätzung für uns von großem Vorteil. Nur wenn wir unseren eigenen Mangel an Liebe eingestehen, haben wir zumindest den Hauch einer Chance, eine Liebe zu entdecken, die real ist.

***

Letztes Jahr hörte ich auf einem Seminar die erschütternde Geschichte eines Mannes, der mit seinem Latein am Ende war, nachdem er jahrelang ertragen hatte, wie seine Frau mit ihrer Liebe zu ihm und ihrer Liebe zu einem anderen Mann kämpfte. Dieser Mann war am Boden zerstört, und es gab nichts, was er tun konnte. Aus dem Blickwinkel jeder Norm, die man für den Erfolg in der gewöhnlichen Liebe anlegen kann, und ganz bestimmt aus dem Blickwinkel seines eigenen gequälten Herzens war dieser Mann dabei, zu verlieren. Er verlor die Frau, die er liebte, er verlor seinen Stolz und sein Selbstwertgefühl, er verlor eine Investition in wertvolle Jahre, und in gewisser Weise war etwas in seinem Inneren dabei, zu sterben. Doch niemand, der diesen Mann ansah, dessen Herz in Stücke gebrochen war und blutete, konnte die Liebe leugnen, die er dort erblickte. Nicht einmal seinem Feind würde man einen solchen Verlust wünschen, doch sein sogenanntes Versagen hatte die Schutzmauern um sein Herz, die vorher so fest strukturiert gewesen waren, dass sie undurchdringlich zu sein schienen, zu Fall gebracht, und nichts weniger als ein solcher Herzensbruch hätte es vermocht, sie in einer solchen Weise bersten zu lassen. Was unter diesem vermeintlichen Verlust der Liebe übrig blieb, war genau die Liebe, nach der er gesucht hatte. In seinem Herzensbruch und inmitten all seines Versagens und seines Verlustes erfuhr er tatsächlich eine wahre *Liebe*, die alles andere als gewöhnlich war. Der große persische Dichter Hafiz sagte, dass Einsamkeit es vermag, das menschliche Herz auf eine Weise gären und reifen zu lassen, wie nur wenige selbst „göttliche Zutaten" es können. Hier war der Beweis. Es waren nicht die Jahre der Meditation, die diesen Mann so sehr erfüllt hatten, sondern es war das Zerspringen seines sehr menschlichen Herzens – der Verlust der gewöhnlichen Liebe und die Entdeckung von etwas, das außergewöhnlicher war.

Gemäß unserer herkömmlichen Definition von Versagen versagt die Liebe, weil wir Menschen versagen. Sie kennen sicher die klassische Geschichte von der Frau, die überall nach dem perfekten

Mann suchte, und als sie ihn endlich gefunden hatte, hatte er kein Interesse an ihr, weil er nach der perfekten Frau suchte. Wenn die Menschen ihre eigenen Misserfolge nicht akzeptieren, wenn sie sich ihren eigenen Schwächen nicht öffnen und sie einfach *da sein lassen*, statt sie verbergen zu wollen, dann können sie dasselbe auch bei anderen nicht zulassen. Wenn wir, besonders in der Domäne der Liebe, auf einer bestimmten Vorstellung von Erfolg bestehen, dann stellen wir sehr schnell Forderungen an unseren Partner. Er soll sich auf eine bestimmte Weise verhalten, er soll auf eine ganz bestimmte Weise auf uns eingehen, er soll ganz bestimmte Eigenschaften an den Tag legen, andere dagegen nicht. Wir fangen an, ihn zu manipulieren und zu formen, und zwar gemäß unseren eigenen Vorstellungen davon, wie ein erfolgreicher Partner aussieht, handelt und spricht. Tatsächlich sind wir bald oft mehr an unserem Erfolg in der Liebe interessiert als an dem Menschen, der vor uns steht. Um es noch einmal deutlich zu sagen: Nicht die Liebe versagt, sondern wir versagen in dem, was wir unter Liebe verstehen, und in unserer Fähigkeit, sie umzusetzen. Solange wir das nicht akzeptieren, werden wir auch weiterhin von unseren Beziehungen enttäuscht sein.

***

Wir alle verspüren ein tief innerliches Gefühl der Sehnsucht und des Verlangens, auch wenn wir uns dessen gar nicht bewusst sind. Für einige ist es nicht mehr als ein schwaches Unbehagen, ein nagendes Gefühl, eine gewisse Ängstlichkeit oder ein an Besessenheit grenzendes Verhältnis zum Essen, zu Arbeit und Geschäftigkeit oder zu einer anderen Form der Abhängigkeit; andere erfahren es unmittelbarer in Form von Einsamkeit, Kummer oder direkter spiritueller Sehnsucht. Dieses Verlangen ist die Sehnsucht der Seele nach Gott, die jedoch so leicht als Sehnsucht nach Sex, Liebe und Geliebtwerden, Verehrung und Verehrtwerden missverstanden wird. Wir hungern so sehr nach Gott und nach der WAHRHEIT, sind aber von der Entfernung, die wir zwischen uns und Ihm wahrnehmen, gleichzeitig und unbewusst so tief erschüttert, dass wir statt dessen eine Vorstellung von Liebe oder die Person unseres Partners nehmen und unsere Sehnsucht nach Gott auf diese Vorstellung oder diesen

Menschen übertragen, der uns ein wenig zugänglicher zu sein scheint als Gott, der letzten Endes aber nicht anders kann als uns zu enttäuschen. In dieser Hinsicht wird die gewöhnliche Liebe uns immer enttäuschen. Trotz der perfekten Situation – ein attraktiver, liebender Mann oder eine attraktive, liebende Frau, voller Leidenschaft für das Leben und für uns, eine bewundernswerte Persönlichkeit, ein wunderbares Kind, das wir gemeinsam ins Leben gerufen haben – haben wir das Gefühl, dass etwas fehlt, auch wenn wir vielleicht nicht genau sagen können, was es ist. Und ganz besonders dann, wenn wir dieses Gefühl viele Jahre lang nicht verstanden haben, geschieht es an diesem Punkt oft, dass wir anfangen, die Beziehung selbst in Frage zu stellen, sicher, dass ihr ein ganz wesentliches Element fehlen muss, wenn unser Verlangen nach so vielen Jahren der Liebe und der Beziehung immer noch nicht verschwunden und unsere Beziehung nicht in der Lage ist, unsere Sehnsucht zu stillen.

Viele hunderttausend Menschen lassen sich jedes Jahr scheiden, weil ihr Mann oder ihre Frau nicht Gott ist. Sie lassen sich scheiden, weil ihr Mann oder ihre Frau nicht fähig war, die unerträgliche Sehnsucht nach Gott oder der Wahrheit zu stillen, die so tief unter der Oberfläche des Bewusstseins verborgen liegt, dass sie nicht einmal wissen, dass sie dort ist, und weil sie sich nicht mit der Tatsache abfinden können, dass ihre Vorstellung von Liebe gescheitert sein soll, in die sie doch so viel investiert haben. Wie schade, dass wir die Scheidung nicht als das verstehen können, was sie ist. Statt dessen haben Scheidung und Trennung hunderttausend verschiedene Namen, wie: „Er war einfach nicht genug...“ Oder: „Sie wollte sich einfach nicht ändern...“ Natürlich passiert es in vielen Fällen, dass Menschen sich wirklich nicht mehr lieben, und es gibt gültige Gründe, um eine Beziehung zu beenden. Wenn wir die Wurzeln unseres wahren Leidens und unserer wahren Sehnsucht jedoch nicht verstehen und nicht wissen, wie wir die Liebe zu Gott und zur Wahrheit in die eine Kategorie und die Liebe zu einem Menschen in eine andere Kategorie einordnen können, dann verwechseln wir schnell das, wonach wir in unserem Partner suchen müssen, mit dem, wonach wir in Gott oder in uns selbst suchen müssen.

***

Die Schönheit, die dem Scheitern unserer Vorstellungen von Liebe innewohnt, besteht wie bei allen Misserfolgen darin, dass wir vielleicht endlich dazu motiviert werden, eine andere Art von Liebe zu entdecken. Manchmal müssen wir in der Liebe oft scheitern, müssen bittere Herzensbrüche ertragen und sogar große Verzweiflung erfahren, ehe wir mehr erkennen. Wenn unsere Misserfolge jedoch jahraus, jahrein gleich aussehen, wird es irgendwann schwierig, dem Leben auch weiterhin vorzuwerfen, dass es darin versagt habe, uns Liebe zu geben. Dies ist der alles entscheidende Zeitpunkt, an dem das Versagen der Liebe uns vielleicht endlich dazu bringt, einen anderen, wenn auch unbekannten und vielleicht sogar gefährlichen Weg zu betreten: einen Weg, dessen Bestimmungsort eine andere Art von Liebe erahnen lässt.

Um zum Schluss zu kommen: Wir versagen in der gewöhnlichen Liebe, weil wir gar nicht wissen, wie wir lieben sollen. Wir versagen, wenn es sich bei unserer sogenannten Liebe in Wahrheit um Mangel, Bedürfnis, Wunsch, Nehmen, Vorstellungen und Projektionen oder um eine der unendlich vielen Verzerrungen eingebildeter Liebe handelt, die für viele Menschen so oft der Ersatz für wahre Liebe ist. Wir versagen, wenn wir erwarten, dass die Liebe auf einem Silbertablett zu uns kommt, dass sie einfach ist, dass sie unseren Idealen entspricht. Wir versagen, wenn wir fordern, geliebt zu werden, wenn unsere Definition von Liebe starr und begrenzt ist, und wenn wir der Meinung sind, dass wir die vielen Wege und Mittel, auf denen man die Liebe wahrnehmen kann, tatsächlich kennen und wahrnehmen.

Das wirksamste Gegenmittel gegen einen Mangel an Liebe in unserem Leben ist, mit dem Lieben zu beginnen. Das mag sich einfach anhören, ist es jedoch wert, eingehender betrachtet zu werden. Die meisten von uns blasen Trübsal und beklagen sich, dass sie den idealen Partner für ihre Liebe noch nicht gefunden haben, oder dass der Partner, den sie zu lieben glauben, sie nicht ausreichend lieben kann oder will, oder dass sie die Größe oder den Geschmack oder die Form der Liebe, die es in ihrem Leben gibt, nicht mögen. Wir beweinen unsere Verluste und lecken die Wunden unseres Kummers, statt genau das zu tun, was erforderlich ist, um die Situation zu ändern: lieben.

Die Arbeit der Liebe ist hart. Es ist einfacher, im Jammertal verlorener, unerwiderter oder unerfüllter Liebe zu verharren, als sich in die oftmals beängstigenden und verletzlichen Fluten zu stürzen, die das Risiko der Liebe birgt. Denn Liebe ist ein Risiko. Zumindest auf der Ebene des äußeren Scheins kann die Liebe, die wir anbieten, zurückgewiesen werden. Liebe zu empfinden kann weh tun, denn gleichzeitig empfinden wir häufig auch die tausend Nester aus verborgenem Schmerz, der von unerfüllter, verlorener oder verletzter Liebe herrührt. Oft müssen wir unser Herz öffnen, um zu lieben, und in einem offenen Herzen kann es unzählige Herzensbrüche und Sehnsüchte und sogar objektiven Kummer über den Schmerz in unserem eigenen Leben und im Leben der Menschheit geben.

Wenn wir *lieben* – im Gegensatz zu dem Versuch, Liebe zu bekommen –, dann ist Liebe gegenwärtig. Das klingt so offensichtlich. Wenn wir Liebe wollen und zu lieben beginnen, dann erfahren wir Liebe. Wir glauben vielleicht, dass es einer bestimmten Form von Liebe von seiten eines anderen Menschen bedarf, damit wir Liebe erfahren können, und wenn wir nur fest genug daran glauben, dann erkennen wir die Erfahrung der Liebe noch nicht einmal dann, wenn sie uns einen Schlag ins Gesicht versetzt. Wenn wir jedoch weit werden und uns in eine umfassendere Möglichkeit der Erfahrung von Liebe hinein entspannen, dann werden wir oft genug entdecken, dass Liebe keine Substanz ist, an der ein Mangel herrscht, und dass es auch nicht schwer ist, sie zu finden. Wir müssen nur wissen, wo wir suchen müssen. Die Liebe ist *verfügbar*. Welch eine Erleichterung!

***

Letzten Endes ist es die Selbstliebe, nach der wir suchen. Als ich mich bei meinem Lehrer einmal über den Mangel an Liebe beklagte, den es zu diesem Zeitpunkt in meinem Leben gab, antwortete er: „Du willst Liebe? Kein noch so fleißiges Suchen in der äußeren Welt wird dir die Liebe geben. Liebe dich selbst, dann wirst du die Liebe in allen Dingen, um alle Dinge herum und aus allen Dingen heraus fühlen, erkennen und anziehen."

Die Selbstliebe hat eine selbstbezogene und eine selbstlose Seite. Wir könnten es auch als den Unterschied zwischen einer egoistischen Improvisation von Selbstliebe und authentischer Selbstliebe betrachten. Egoistische Selbstliebe ist eine Art von Selbstverherrlichung. Das Ego oder Selbstbild liebt das Ego. Es ist die Geschichte von Narziss. Es ist der Prozess, in dem wir eine kunstvoll verzierte Sandburg bauen und dann glauben, dass wir unsere eigene Festung besitzen. Das ist natürlich keine Selbstliebe, auch wenn es oft dafür gehalten und den Menschen in vielen der verbreiteten Therapieformen beigebracht wird.

Wahre Selbstliebe rührt von einer profunden Selbstakzeptanz her. Dazu gehört, dass wir mit großer und unnachgiebiger Selbstehrlichkeit den wirklichen Zustand desjenigen sehen, der wir in unserer gegenwärtigen Situation sind. Wir müssen die Kräfte verstehen, die uns zu dem gemacht haben, der wir sind; wir müssen erkennen, dass wir zwar die volle Verantwortung für die Schwächen tragen, die wir verkörpern, dass wir aber nicht ihre ursprüngliche Ursache sind; und wir müssen uns selbst auf eine Weise vergeben, in der wir unsere gegenwärtige Situation insgesamt akzeptieren können, einschließlich all unserer Stärken und Schwächen. Wenn wir uns selbst lieben, dann sind wir nicht mehr ständig damit beschäftigt, kleine Liebeshappen aus jeder Quelle zu stehlen, auf die unser Blick fällt. Wir wissen, dass es in uns genug Liebe gibt, und dass wir endlich beginnen können, diese Liebe mit anderen zu teilen und auszutauschen.

Wenn wir uns selbst lieben und dadurch andere Menschen auf ganz natürliche Weise an unserer Liebe teilhaben lassen, dann geschieht es sehr oft, dass sich ein ganzer Strom genau der Liebe, nach der wir uns früher einmal voller Verlangen gesehnt haben, in unser Leben ergießt. Höchstwahrscheinlich ziehen wir romantische Beziehungen, Freundschaft, Kinder, materielle Dinge und Möglichkeiten in großer Zahl und mit erstaunlich wenig Anstrengung an. Die Suche nach Liebe liegt unter der endlosen Suche nach all jenen Dingen in unserem Leben verborgen, denen es vorherbestimmt ist, uns zu enttäuschen, und wenn wir die Liebe besitzen, wird jeder und alles sie haben wollen.

***

Wenn wir ein wenig echtes Verständnis für die wahren Wege der Liebe gewonnen haben (manchmal auch schon früher), dann erhaschen wir möglicherweise einen Blick auf eine andere Schattierung der Liebe – auf eine Liebe, die wir als göttliche Liebe bezeichnen könnten, und auf ihre Weggefährtin, die göttliche Sehnsucht. Auch wenn wir in unserer Fähigkeit, Liebe in allen Dingen des Lebens zu sehen und zu empfangen, eine enorm große Fülle entdecken können, ist die Liebesbeziehung zum Göttlichen grenzenlos in ihren unermesslichen Tiefen, und darum lässt sie uns paradoxerweise auch dann in einem Zustand der Sehnsucht zurück, wenn wir diese Liebe auf irgendeine Weise gewonnen haben.

Der mystische Sufi-Dichter Rumi – ein Musterbeispiel göttlicher Sehnsucht – erfreut sich heutzutage enorm großer Beliebtheit. Die Menschen schwelgen in seinen Worten des Staunens, der Ekstase, der Glückseligkeit und der Einheit. Sie interpretieren sie, und diejenigen, die seine Gedichte einer genaueren Prüfung unterziehen, flüstern sogar aufgeregt von seinem Wahnsinn und seinem gebrochenen Herzen. Wenn wir es aber wagen, das Wesen des Mannes zu berühren, dessen Ekstase uns in solch hohem Maße inspiriert, dann sehen wir jemanden, der zeitweise in seiner Verzweiflung, seiner Einsamkeit und seinen Gefühlen des Verrats wirklich *verrückt* war. Er war Gott in der Form seines Meisters begegnet (wir können auch sagen, er war dem absoluten Ganzsein und der absoluten Vollkommenheit begegnet, nach der wir uns alle sehnen). Dann ging sein Meister fort (oder die Erfahrung des Ganzseins verschwand, sowie sie gekommen war) und ließ Rumi als den wandernden Irren zurück, der die Gedichte schrieb, die unser Herz berühren. Seine Sehnsucht war seine Liebe. Irgendwann einmal ist Rumi wahrscheinlich nur ein Macho gewesen, ein sexistischer Araber mit einem guten Karma, das ihm den Rücken stärkte. Er ließ jedoch zu, dass seine alles verzehrende Leidenschaft für die Liebe selbst zur Sehnsucht und nicht zu Enttäuschung und einem psychologischen Verrat wurde, der ihn als das Opfer zurückgelassen hätte. In ganz ähnlicher Weise wird in der berühmten Liebesgeschichte von Layla und Majnun die nicht vollzogene Liebe zwischen den jungen Liebenden so überwältigend stark, dass sie zur Sehnsucht nach Gott allein wird, so dass, als sich endlich die Gelegenheit zu ihrer körperlichen Vereinigung bietet, beide sich für die der Sehnsucht innewohnende Liebe statt für den Vollzug ihrer menschlichen Liebe entscheiden.

Wenn wir es ertragen können, ist das Versagen der Liebe sogar im Kontext einer funktionierenden menschlichen Beziehung fruchtbarer Boden, weil es uns tief in unser Inneres hineinführt. Wenn wir uns einmal eingestanden haben, dass die gewöhnliche Liebe versagt hat, fangen wir an, uns nach einer anderen Art von Liebe zu sehnen – einer Liebe, die nicht von einem anderen Menschen erwidert werden muss, vielleicht sogar noch nicht einmal von Gott selbst. Die Mystiker bezeichnen sie als die „Liebe in Trennung". Es ist die Erfahrung der Liebe in der Sehnsucht nach der Liebe, und sie besitzt die Fähigkeit, einen Menschen in die Knie zu zwingen und Eigenschaften menschlicher Erfahrung wie Zärtlichkeit, Barmherzigkeit und Weisheit hervorzubringen.

Kapitel 3

Das Versagen des (herkömmlichen) Glücklichseins

Oft hindert unser Beharren auf einem Ideal herkömmlichen Glücklichseins uns daran, das wahre Glück zu entdecken. Wir Menschen tun etwas sehr Seltsames: Wir klopfen an die Tür mit der Aufschrift „Glück" und betteln um einen kleinen Happen, wenn doch bereits der geringste Wandel in unserer inneren Sichtweise uns ein Festessen der Zufriedenheit bescheren würde – mehr, als wir je zu hoffen gewagt hätten. Wenn uns das herkömmliche Glücklichsein schließlich im Stich lässt, sind wir deshalb vielleicht endlich motiviert, an einer anderen Stelle nach etwas zu suchen, das realer und dauerhafter ist. Diese Motivation ist das ungeöffnete Geschenk, das uns das Versagen des herkömmlichen Glücklichseins macht: Möglicherweise ebnet es uns den Weg hin zum wahren Glück. Ob es darin erfolgreich ist oder nicht, hängt einzig und allein von uns ab.

Es ist schon seltsam und interessant, wie wir Menschen auf unserem Glück bestehen, als sei es unser Geburtsrecht. Irgendwie haben wir das Gefühl, das Universum habe die Pflicht, für unser andauerndes Wohlbefinden zu sorgen. Sogar Menschen, deren Psyche ihnen gewöhnlich Gefühle der Unwürdigkeit einredet, tragen das profunde Gefühl eines berechtigten Anspruchs in sich. Sie glauben, dass sie es verdient haben, glücklich zu sein, denn schließlich sind sie in diese Welt gekommen, haben in Form einer unglücklichen Kindheit und jahrelanger Lektionen ihren Beitrag bereits geleistet und haben versucht, ein guter Mensch zu sein. Wenn das herkömmliche Glücklichsein ihnen dann aus dem Weg geht und sie sich nicht die ganze Zeit gut fühlen, gehen sie in der Regel entweder davon aus, dass sie selbst etwas falsch machen oder dass das Universum sie verrät. Sie glauben, dass sie versagt haben.

Manchmal ist es für die Menschen einfacher, wenn sie glauben, es sei ihr eigener Fehler, dass sie nicht glücklich sind, denn das gestattet ihnen die Illusion, möglicherweise *etwas tun* zu können, um glücklicher zu sein. Viele Menschen würde diese Illusion wohl dazu bringen, eine Kreuzfahrt zu unternehmen, sich einen neuen Sportwagen zu leisten oder das Haus mit den drei Schlafzimmern zu kaufen. Für einige ist es auch die schöne Bluse, die schöne Geliebte oder der schöne Ring. Der „schicke" psychologische Typ macht eine Therapie, um sein Selbstwertgefühl zu stärken. Vielleicht unternimmt er auch den Versuch, mehr Geld zu verdienen, berühmt oder erfolgreich zu werden oder sein Charisma zu vergrößern. Er sucht nach einer psychologischen Erleichterung, die ihn seiner Meinung nach aus seinem Leiden heraus und zum Glücklichsein hinführt. Für den spirituellen Typ ist die Sache noch verzwickter, wenn er versucht, die Kräfte der Energie und des Geistes zu handhaben, um das Universum zu manipulieren. Letztlich läuft aber alles auf dasselbe hinaus. Wir geben uns selbst die Schuld daran, dass wir nicht glücklich sind, und fangen an, unser Leben zu kontrollieren, damit die Dinge besser werden. Das soll nicht heißen, dass die oben beschriebenen Techniken nicht erfolgreich und unter gewissen Umständen sogar nützlich wären. Ich möchte damit nur auf einige der Strategien hinweisen, nach denen wir vorgehen, um das Universum dazu zu bringen, dass es uns glücklich macht.

Für andere Menschen ist es bequemer, dem Universum die Schuld daran zu geben, dass sie nicht glücklich sind, und oft bringen sie ihr gesamtes Leben damit zu, über die Ungerechtigkeit Gottes zu schmollen. Ihr ganzes Leben ist geprägt von einem Gefühl des Zorns auf Gott, weil Er sie so ungerecht behandelt (verständlich, wenn man sich das Leben so anschaut, nicht wahr?), und von einem Gefühl des Misstrauens in das Universum, weil die Dinge sich nicht so entwickelt haben, wie sie es erhofft hatten. Sie empfinden einen profunden Kummer, den sie nicht wirklich verstehen. Sie fragen sich, was schiefgelaufen ist, und halten noch immer an den Erwartungen, die sie an das Glücklichsein haben, fest.

***

Der Weg des Versagens fordert uns auf, uns zwei sehr unterschiedliche Fragen zu stellen. Erstens: Wer zum Teufel hat uns denn die Idee in den Kopf gesetzt, wir müssten glücklich sein? Und zweitens:

Was ist dieses sogenannte Glücklichsein, auf dem wir so energisch beharren? Wir müssen uns fragen, ob wir im Hinblick auf dieses Glücklichsein wirklich versagt haben oder ob wir uns einfach an einer falschen Vorstellung von Glück festhalten – einer Vorstellung, die *sich selbst gegenüber* versagt!

Wer hat uns also die Idee in den Kopf gesetzt, wir müssten glücklich sein? Die Antwort lautet, einfach gesagt: vor allem die Verbraucherindustrie der westlichen Welt, unterstützt von der Regierung der Vereinigten Staaten. Diese Vorstellung haben wir aus jedem Werbespot, den wir im Fernsehen gesehen haben, von jedem Plakat, an dem wir auf der Straße vorbeigefahren sind, und aus jeder Anzeige in jeder Zeitung und jeder Zeitschrift, die wir gelesen haben, sogar aus denen, an die wir uns gar nicht erinnern können. Der internationale Verbrauchermarkt baut einzig auf der Tatsache auf, dass das Ego nicht fähig ist, die Realität des menschlichen Lebens so zu akzeptieren, wie sie ist, und statt dessen auf einem Ideal herkömmlichen Glücks besteht, das niemals erfüllt werden wird und deshalb immer Raum für eine Erweiterung des „Marktes der Verspechen" lässt. Die Kultur, in der wir Menschen im Westen leben, baut auf Träumen auf, die nur einen kleinen Teil der Realität berücksichtigen, und sie wird von einem Kader intelligenter, aber sehr unkluger Menschen geleitet, die viel Geld besitzen und hohe Positionen innehaben. Das Glück, das sie uns versprechen, können wir nicht gewinnen, denn so, wie die Spielautomaten in Las Vegas auf einem präzise formulierten Verlustsatz aufgebaut sind – das heißt, sie zahlen nur einen Bruchteil dessen wieder aus, was sie einnehmen –, so ist unser kulturelles System ganz präzise darauf ausgerichtet, uns gerade so viele Annehmlichkeiten zu gewähren, dass wir auch weiterhin an die Möglichkeit des Glücks glauben, während es gleichzeitig sicherstellt, dass wir in einer Situation bleiben, in der wir niemals gewinnen können. Noch einmal: Diese Form des Glücklichseins wird uns niemals zufrieden stellen, denn sie wird uns immer im Stich lassen. Sie fordert uns geradezu auf, an anderer Stelle nach etwas zu suchen, das authentisch und gehaltvoll ist.

Auch wenn die Neurose herkömmlicher Vorstellungen vom Glücklichsein sich durch das Zeitalter der Kommunikation, in dem wir gegenwärtig leben, sehr schnell in der Welt ausbreitet, sind die Erwartungen an und das Beharren auf dem persönlichen Glück nicht überall gleich. So basieren zum Beispiel viele asiatische Kulturen auf dem Konzept der Selbstaufopferung – auf der Hingabe persönlichen Glücks, persönlicher Wünsche oder sogar des eigenen Lebens zugunsten der Bedürfnisse von Familie oder Kultur. Ebenso gehört es in den meisten Kulturen nicht zum Paradigma der Frauen, dass sie ihre eigene Erfüllung finden, sondern vielmehr, dass sie jede Form von Leid in Kauf nehmen, die erforderlich ist, um die Zufriedenheit ihrer Männer und Kinder zu sichern. Manchmal sind diese kulturellen Normen genauso lebensfeindlich wie die narzisstischen Normen des Westens, doch in den traditionellen Kulturen, die in einer größeren Harmonie mit der Erde lebten, wurden auch die Polaritäten von Licht und Dunkel, Freude und Kummer stärker geachtet – sowohl nach innen als auch nach außen. Kummer, Schmerz, Depression und eine tiefe innere Suche hatten denselben Wert wie Erfolg, Gewinn, Macht und Sieg.

Wir westlichen Menschen bringen ein stattliches Aufgebot positiver Eigenschaften zum Ausdruck – Zuversicht, Individualität, persönliche Macht –, aber gleichzeitig können wir nicht leugnen, wie groß unser Maß an Egozentrik und Selbstbesessenheit ist. Weil wir an den Wunden einer Kindheit leiden, in der unsere natürliche Freude erstickt und unsere Einzigartigkeit aus uns herausgepresst wurde, haben wir gelernt, dass wir uns um uns selbst kümmern und unser Leben zum Funktionieren bringen müssen, weil niemand anders es für uns tut, zumindest nicht so, wie wir es brauchen. Das Versagen unserer Eltern (und das schließt beinahe *alle* Eltern im Westen ein, aber nur, weil auch ihre Eltern versagt haben, und deren Eltern ebenso...), uns als diejenigen anzuerkennen, die wir sind, hat dazu geführt, dass wir davon besessen sind, um jeden Preis nach Bestätigung zu suchen. Die Wunde des Westens teilt das Bett mit dem Ego, um eine Kultur exzessiver Selbstbesessenheit hervorzubringen, die so weit reicht, dass wir selbst um den Preis, dass ein anderer leidet, auf unserer eigenen Befriedigung bestehen.

Unsere Forderung an das Universum, uns das zu geben, was wir unter Glück verstehen, tritt natürlich nirgendwo offenkundiger zutage als in der Welt zeitgenössischer Spiritualität, denn Menschen, die sich auf einer spirituellen Suche befinden, sind oft narzisstischer als alle anderen. Massen von Menschen strömen zu Lehrern, Meditationspraktiken, Therapien, Visualisierungen und allen möglichen

Taktiken zur Selbstverbesserung, die es auf diesem Planeten gibt, weil sie glauben, dass sie Gott oder der WAHRHEIT nur etwas zu geben brauchen, damit Gott ihnen etwas zurückgibt, das bewirkt, dass sie sich gut fühlen. Dem spirituellen Leben widmen wir uns sicher nicht Gott zuliebe – zumindest nicht während der ersten zwanzig oder dreißig Jahre. Bei unseren ersten Berührungspunkten mit der spirituellen Welt geht es statt dessen fast immer um unsere eigene Unzufriedenheit und um die Überzeugung, dass wir mit Hilfe der Spiritualität zu größerer Zufriedenheit gelangen können. Wer das Versagen weltlicher Abhängigkeiten durchschaut hat, wendet sich der Spiritualität oftmals als einer weiteren, noch raffinierteren Droge zu – eine Dosis natürliches Ecstasy, um den allzu gewöhnlichen Herausforderungen des alltäglichen Lebens zu entfliehen. (Über das Versagen der Erleuchtung selbst sprechen wir in Kapitel 11.) Diese Droge funktioniert nicht. Glück kommt niemals von außen, und ein authentischer spiritueller Weg legt unsere Wunden bloß, statt sie zu betäuben.

***

Hinsichtlich der zweiten Frage, was diese Qualität des Glücklichseins, das wir anstreben, denn überhaupt *ist*, können wir uns glücklich schätzen, dass die großen Mystiker und Praktiker aller spirituellen Traditionen das Fundament für uns bereits gelegt und ihren Geist im Laufe von vielen tausend Jahren in Meditation und anderen Disziplinen erforscht haben, um die Spreu der Neurose vom Weizen der Realität zu trennen. Sie haben aufgezeigt, dass herkömmliches oder „egozentrisches" Glück im Grunde aus einem Konglomerat positiver geistiger Empfindungen besteht, die man auch als Emotionen bezeichnet. Deren chemischer Ausstoß wird hinreichend konstant gehalten, um einen mehr oder weniger gleichbleibenden Fluss von „Glückshormonen" im Gehirn freizusetzen. Natürlich haben nicht alle Menschen ein rein positives Konglomerat, denn Gedanken und Assoziationen, die auf einer Konditionierung durch bestimmte Ereignisse während der frühen Kindheit beruhen, lösen in Verbindung mit unseren Interpretationen dieser Vorfälle eine ganze Reihe von unbewussten geistigen und körperlichen Prozessen aus. Abhängig von unserer Konstitution neigen wir zu Gefühlen von Glück, Depression oder Zorn (oder einer Kombination daraus). Wenn wir von Glück im herkömmlichen Sinne sprechen, dann meinen wir damit unwissentlich diesen körperlichen und unsentimentalen Prozess.

Aus einem anderen Blickwinkel betrachtet neigen wir zu der Überzeugung, Glück sei das, was geschieht, wenn unsere Lebensumstände ausnahmsweise einmal mit unseren Erwartungen übereinstimmen. Möglicherweise dachten wir immer, wir würden endlich glücklich sein, wenn wir erst einmal den richtigen Partner gefunden haben, wenn wir ein Kind haben oder die Hypothek abbezahlt ist. Tritt diese Situation dann ein, sind wir glücklich... für eine Weile. Leider ist diese Weile zumeist erschreckend kurz und dauert nur so lange, bis die nächste Schicht von Wünschen daherkommt und sich unserer bemächtigt. So betrachtet ist das Glücklichsein eine Vorstellung – ein geistiges Konstrukt. Wird diese Vorstellung durch äußere Umstände bestätigt, haben wir eine Zeitlang die Begleitempfindung, wir seien glücklich.

Es gibt einen Unterschied zwischen der oben beschriebenen Emotion des Glücklichseins und einem viel tieferen Glücklichsein, das man passender als Zufriedenheit bezeichnen könnte. Während die Emotion des Glücklichseins auf geistigen Konstrukten beruht, entsteht das wahre Glücklichsein – oder die Zufriedenheit – aus einer Bereitschaft, sich voll und ganz (Herz, Körper und Geist) auf alle Erfahrungen des Lebens einzulassen, und zwar so, wie sie sind. Im Verlauf des Buches werden Sie immer wieder Hinweise auf diese Zufriedenheit finden – eine Erfahrung, die ganz und gar außerhalb der unvermeidlichen Misserfolge des Lebens steht. Innerhalb dieser Domäne der Zufriedenheit werden alle unsere vermeintlichen Misserfolge in unleugbare Erfolge transformiert.

Wenn unser Glücklichsein von unseren Wünschen abhängig ist, dann ordnen wir unsere Zufriedenheit gänzlich der Laune von Kräften unter, die wir weder verstehen noch kontrollieren können. Wenn wir das Leben mit einem Kartenspiel vergleichen, dann teilt uns das Leben an einem Tag ein Herz-As oder einen Karo-König zu, und wir sind von Zuversicht und guten Absichten erfüllt. Am Tag darauf bekommen wir aber nur eine Kreuz-Zwei oder eine Pik-Vier, und schon wollen wir nicht mehr mitspielen. Wenn wir unwissentlich unseren Wünschen und Emotionen unterworfen sind, statt vielmehr dem Leben hingegeben zu sein, dann werden wir in Reaktion auf die zufällige Verteilung der Karten einfach nur mitgezogen, und es mangelt uns vollkommen an einem Gefühl von persönlicher Würde, Verwurzelung oder Zuversicht, und zwar sowohl im Hinblick auf das Spiel des Lebens selbst als auch im Hinblick auf unsere eigene Fähigkeit, es zu Ende zu spielen.

Die meisten von uns können ihr Beharren darauf, dass alle ihre Wünsche erfüllt werden sollen, nicht loslassen, und sie wollen es auch gar nicht, trotz all der guten spirituellen Presse, die diesem „Loslassen" zuteil wird. Das Wünschen selbst brauchen und sollten wir tatsächlich auch gar nicht loslassen, aber wir sollten ausgeglichener im Hinblick darauf werden, wie wir mit ihm umgehen, und wir sollten uns darüber klar sein, dass nicht alle Wünsche in Erfüllung gehen und wir oft enttäuscht sein werden. Wir müssen diese Kraft in uns, die nicht davon abhängt, ob Wünsche erfüllt werden, verfeinern und festigen, um unser grundlegendes Wohlbefinden oder sogar „Okaysein" zu bestärken. Dann können wir die Erfüllung des Wunsches genießen, wenn sie geschieht, ohne uns gänzlich davon mitreißen zu lassen, und ohne dass unser Kopf dermaßen anschwillt, dass wir nicht mehr geradeaus denken können. Wir können auch dann mit dem Leben klarkommen, wenn es uns nicht das Glück beschert, das wir uns wünschen. Es kann sogar sein, dass wir in dem Prozess, nicht das zu bekommen, was wir haben wollen, einige sehr interessante Dinge entdecken.

***

Die Frage, ob unser Glücklichsein wirklich von Bedeutung ist oder nicht, können nur wir allein beantworten. Ich glaube, man kann durchaus sagen, dass fast jeder gerne glücklich *wäre* – denn auch die Menschen, deren Lebensgewohnheit es ist, jeden möglichen Anschein von Glück sofort zu sabotieren, sehnen sich nach einer tieferen Erfüllung. Für viele hat das Glücklichsein aus vielen Gründen jedoch nicht die oberste Priorität, und es sind nicht nur „neurotische" oder ohnmächtige Gründe wie etwa Gefühle von Unwürdigkeit oder das Bedürfnis, das eigene Glück zurückzustellen, um einen Partner oder einen anderen Menschen glücklich zu machen.

Eine Gemeinschaft von Mönchen traf sich mit einem Reporter, der sie für eine bekannte Zeitschrift interviewte. Der Reporter fragte jeden der Mönche: „Sind Sie glücklich mit dem, was Sie tun?" Die Mönche antworteten ihm mit Sätzen wie: „Klar bin ich glücklich." „Manchmal ist es schwer, aber es lohnt sich." „Hin und wieder." Endlich sagte einer der Mönche dem Reporter: „Was wir hier tun, hat nichts mit Glücklichsein zu tun. Wir erfüllen den Ruf unserer Seele. Das können Sie Glück oder Kummer nennen, es macht nicht den geringsten Unterschied. Die Frage ist bedeutungslos."

Ganz ähnlich wurde ein großer spiritueller Meister im Westen eines Tages von einer Frau angesprochen, die ihn fragte: „Wie geht es Ihnen?" Weil er ihr etwas vermitteln wollte, antwortete er: „Was spielt es für eine Rolle, wie es mir geht? Das einzige, was mir am Herzen liegt, ist, ob meinen Schülern gedient wird."

Das soll deutlich machen, dass das Glücklichsein nicht für jeden die oberste Priorität hat. Manche Menschen sind zufrieden, wenn sie ein Kind bewusst und mit all der Liebe großziehen können, die sie zu geben haben, trotz der persönlichen Opfer, die das erfordern mag. Manche Menschen sind zufrieden, wenn sie durch ihre Arbeit, ihre Kunst oder ihre Musik einen Beitrag zur Welt leisten. Manche entscheiden sich, für ihr Land oder für eine andere Sache, die ihnen wichtig ist, zu sterben. Andere, wie Menschen mit unheilbaren Krankheiten, sind oft einfach nur dankbar für das Privileg, am Leben zu sein. Das Glücklichsein ist ein unerwartetes Geschenk, wenn es uns begegnet. Das Versagen des herkömmlichen Glücklichseins stellt nicht unbedingt ein reales Versagen dar. Möglicherweise ist es sogar ein entscheidender Augenblick in unserer Erforschung einer tieferen Vorstellung von Erfolg.

Das herkömmliche Glücklichsein selbst entzieht sich uns. Auch wenn wir es haben, sind wir nicht wirklich glücklich, und irgendwo in unserem Inneren sind wir uns dessen auch immer bewusst. Zugleich ist es vollkommen legitim und einleuchtend, nach dem Glück zu suchen, nach dem wir uns sehnen – ganz besonders für diejenigen, die es mit offenen Augen tun können. Ganz gleich, wie „spirituell" wir auch sind, wir *wissen nicht wirklich*, dass die Dinge, von denen wir glauben, sie würden uns glücklich machen, uns tatsächlich das geben, wonach wir so gierig hungern. Die meisten von uns müssen einfach damit experimentieren, die Dinge zu erproben – und hoffentlich auch zu bekommen –, von denen wir sicher sind, dass sie uns glücklich machen werden, um dann zu sehen, was geschieht. Es spielt nämlich überhaupt keine Rolle, wie oft uns jemand sagt, dass es uns nicht wirklich glücklich machen oder bestenfalls zerstreuen wird, wenn wir den richtigen Partner finden, die richtige Stelle bekommen oder am richtigen Ort Urlaub machen. Da wir Menschen nur äußerst selten dazu neigen, uns allein aufgrund guter Ratschläge persönlich weiterzuentwickeln, müssen wir diese Erfahrungen selbst machen und die Daten, die wir dabei sammeln, *klug* analysieren.

„Klug" ist natürlich der Schlüssel. Wir erhalten unsere Antworten nicht einfach dadurch, dass wir beim herkömmlichen Glücklichsein scheitern, uns von ihm zum Opfer gemacht fühlen, uns vor unseren Gefühlen der Enttäuschung ducken und dem nächsten Schlag zustreben. Statt dessen wird unser Scheitern uns fest im Griff haben, und unsere Misserfolge werden uns lediglich eine weitere Bestätigung für unsere Überzeugung liefern, warum wir nicht glücklich sein können. Das Scheitern unseres herkömmlichen Glücklichseins ist nur dann ein „erfolgreiches" Scheitern, wenn wir bereit sind, es als das zu sehen, was es ist, dann in aller Klarheit darüber nachzudenken und die damit verbundenen Enttäuschungen zu erfahren, und schließlich etwas daraus zu lernen. Unser gescheitertes Glücklichsein ist unser Schlüssel für das wahre Glücklichsein, aber auch hier ist die Pforte gut bewacht und für diejenigen reserviert, die bereit sind, einen Raum zu betreten, der ihnen nicht vertraut ist.

***

Ist unser Streben nach dem Glücklichsein vollständig zum Scheitern verurteilt oder nicht? Man kann mit Sicherheit sagen, dass unsere Suche nach dem herkömmlichen Glück früher oder später enttäuscht werden wird, auch wenn es möglicherweise bis zu unserem Tod dauert, bis wir das wirklich verstehen. Was das wahre Glücklichsein betrifft, so bleibt eine gewisse Chance für seine Erfüllung, aber nur dann, wenn wir bereit sind, unsere bisherigen Definitionen loszulassen, und uns dem Thema aus einem völlig anderen Blickwinkel nähern.

Selbst ganz durchschnittliche, nicht spirituell orientierte Menschen mitten in Amerika erkennen das Gesicht des Dalai Lama. Sie wundern sich über sein Lächeln, und vielleicht werden sie von seinem beinahe greifbaren Strahlen berührt. Dieses Strahlen ist allen wahrhaft großen Menschen eigen – ganz gleich, ob es Mutter Teresa, Ihre weise alte Großmutter oder der örtliche Rabbi ist. In den Gesichtern der Weisen zeigt sich das Strahlen der Zufriedenheit, des Erfülltseins und der aufrichtigen Sorge und Liebe, die sie für andere empfinden, aber auch etwas, das wir getrost als Glücklichsein bezeichnen können.

Doch was in diesen Menschen und ihrem Leben ist es, das ihnen diese Qualität verleiht? Glauben wir ehrlich, dass sie ein Leben geführt haben, in dem alle ihre Wünsche erfüllt wurden? Glauben wir wirklich, dass Mutter Teresa es *genossen* hat, Eiter aus den Wunden leprakranker Menschen zu waschen, dass die Ehe der alten Großmutter im Laufe der sechzig Jahre, die sie mit dem Großvater zusammen war, tagaus, tagein voller Glück war, oder dass der alte Yogi in seiner Höhle, der so zu strahlen scheint, während der ersten fünfzehn Jahre, die er dort verbracht hat, nicht extrem unter Hunger, Kälte und Unbehagen gelitten hat? Diese Menschen haben gelitten, und ich würde sogar zu behaupten wagen, dass sie weit eher bereit waren, *wahrzunehmen*, dass sie gelitten haben, als die meisten von uns. Zur Stellenbeschreibung eines Heiligen gehört es, für das Universum zu leiden, nicht aber, in Verzückung oder Glückseligkeit zu versinken. Die Zufriedenheit, von der alle wahrhaft großen Menschen erfüllt sind, rührt von ihrer Liebe zu und ihrem Dienst an anderen her, und sie ist nicht darauf zurückzuführen, dass die Umstände ihres Lebens ruhig und einfach gewesen wären.

Die Qualität des Glücklichseins, die wir bei allen wahrhaft großen – bekannten und auch unbekannten – Menschen finden, entspringt sowohl ihrer Bereitschaft, zum gesamten Spektrum des Lebens in Beziehung zu stehen – einschließlich all seiner angenehmen und unangenehmen Zeitgenossen, Gefühle und Umstände –, als auch der Tatsache, dass sie alles so akzeptieren, wie es ist. Sie strahlen in ihrer Bereitschaft, sich dem Leben zu öffnen, und dadurch finden sie ihr Glücklichsein in den Dingen, *wie sie sind*. Anders ausgedrückt, sie strahlen nicht, weil sie wegen der *einen oder anderen* Sache glücklich sind, sondern weil sie *alle* Dinge akzeptieren, auch die Dinge, die sie nicht mögen und derentwegen sie

„herkömmlich" keineswegs glücklich sind. Sie gewinnen, indem sie Schwierigkeiten und Verlust in ihrem Leben voll und ganz akzeptieren.

***

Der Vertrag des Lebens enthält keine Klausel für das Glücklichsein und hat es nie getan. Unser Geburtsrecht ist unser Lebendigsein, und unsere Chance liegt darin, dieses Lebendigsein im Kontext der WAHRHEIT zu erfüllen. Die Erfahrung des Lebendigseins und die Erfahrung des Glücklichseins sind jedoch nicht ein und dasselbe.

Falls es nicht klar geworden sein sollte, möchte ich hier noch einmal betonen, wie wichtig es ist, dass wir nicht alle Formen herkömmlichen Glücklichseins als „nieder", „illusorisch" oder unwichtig abtun, wenn wir zu einem tieferen Verständnis des Glücklichseins kommen. Diese Neigung ist uns als spirituell orientierten Menschen nun einmal eigen. Wir sollten vielmehr in unserem Glück schwelgen und unser Glücklichsein genießen. Wenn wir uns verlieben, dann sollten wir das ganz und rückhaltlos tun, ohne Grauen vor einem Ende der romantischen Zeit, und wenn die Liebe zu unserem Kind uns erfüllt, dann sollten wir diese Augenblicke als eine sehr kostbare Gelegenheit umarmen, um dieser Liebe Ausdruck zu verleihen. Das Scheitern des Glücklichseins hat absolut nichts damit zu tun, dass wir uns selbst die Freuden des wunderbaren Erfahrungsspektrums versagen, die uns das menschliche Leben zu bieten hat. Statt dessen geht es darum, dass wir das Glücklichsein als das verstehen, was es ist, nicht mehr, aber mit Sicherheit auch nicht weniger, und dass wir, indem wir das tun, lernen, zu unserer Erfahrung in Beziehung zu stehen, so dass nicht nur der „glückliche" Augenblick, sondern unsere gesamte Erfahrung zu fruchtbarem Boden für das viel tiefere Gefühl von Zufriedenheit und Erfüllung in unserem Leben wird.

Auch wenn wir es gerne anders hätten, bleibt die Tatsache bestehen, dass die meisten von uns meistens nicht glücklich sind. Natürlich hat das New Age jede Menge „Drogen" zu bieten (nicht im wörtlichen Sinne, sondern im Sinne der Manipulation innerer und äußerer Energien und der erneuten Inbesitznahme alter Techniken zur Befriedigung der neurotischen Bedürfnisse unserer Psyche), die uns einen langen Höhenflug bescheren können und uns selbst und andere davon überzeugen, dass wir das Leiden ein für allemal hinter uns gelassen haben. Doch ganz besonders für jene, die bereit sind, sich einem Leben der Integrität und der Gewöhnlichkeit zu verpflichten, zu dem nicht nur ihre eigene Situation, sondern auch ein tiefes Gefühl der Achtung und der Fürsorge für das Menschlichsein der Menschen in ihrem Umfeld gehört, ist ein solches „Glücklichsein" inmitten einer ganzen Reihe von Herausforderungen des alltäglichen Lebens nur ein einzelnes – wenn auch ein sehr angenehmes – Element.

Paradoxerweise ist es das Versagen des herkömmlichen Glücks, das uns in die Richtung treibt, wenn nicht sogar zwingt, in der unsere Chance zu wahrem Glücklichsein liegt. Wenn alles so läuft, wie wir es gerne hätten, wollen wir meistens einfach nur unser Glück genießen, und oft gehen wir sogar unbewusst jeder Situation oder Person aus dem Weg, die unser Wohlbehagen bedroht. Normalerweise sind wir nur dann bereit, tiefer in unser Inneres hineinzuschauen, um unsere missliche Lage zu verstehen, wenn das Leben uns nicht das gibt, was wir in unserer Vorstellung haben wollen. Leider ist es bei den meisten von uns nicht die Freude, sondern das Leiden, das uns zu größerer Ganzheit bringt.

Kapitel 4

Das Versagen des (weltlichen) Erfolgs

Vor einiger Zeit fand ich mich in einer unerwarteten Situation wieder. Die Szene fand im Las Vegas Convention Center statt – einem zwei Quadratmeilen umfassenden Betonklotz ohne ein einziges Fenster, vollgestopft mit vielen tausend Messeständen, aus denen eine Kakophonie sich ständig wiederholender digitaler Klänge ertönte. Um meinem Freund, der einen eine Million Dollar teuren Messestand entworfen hatte, einen Gefallen zu tun, servierte ich etwa dreihundert reichen, internationalen Geschäftsleuten mittleren Alters Wein, Bier und Konfekt, und das fünf Tage lang ungefähr zwölf Stunden am Tag. Als die Tage vergingen und meine Freundinnen und ich diese Männer mit allem Mitgefühl und aller Integrität bedienten, die wir aufbringen konnten, begannen diejenigen unter ihnen, die zumindest ein wenig „wach" waren, zu vermuten, dass wir trotz unserer Service-Funktion vielleicht doch so etwas wie Menschlichkeit anzubieten hatten. Am letzten Tag der Messe kam dann der Geschäftsführer einer der größten Firmen Europas in die Kabine der Hostessen hinter dem Messestand, zog einen Stuhl heran, setzte sich und fing an, mir seine Geschichte zu erzählen. Trotz der Tatsache, dass er Geld, Status, Macht, Position und Privilegien erreicht hatte, wie sie in der Geschäftswelt nur sehr wenigen vergönnt sind, hatte er in den letzten Jahren begonnen, sein Leben im Hinblick darauf zu überdenken, was er denn zum Leben selbst beigetragen hatte, und er war zu der Erkenntnis gekommen, dass das nicht sehr viel war. Um diese Position zu erlangen, so erzählte er, hatte er den größten Teil seiner Zeit, seiner Ressourcen, seiner Leidenschaft und seiner Kreativität für seine Arbeit opfern müssen, und alles, was er erreicht hatte, war, dass die Firma, für die er zufällig arbeitete, reicher geworden war, und zwar auf Kosten ärmerer Firmen, die Bankrott gemacht hatten. Er hatte sein Leben gegen Geld und Macht eingetauscht, und er hatte diese Dinge in der Tat gefunden, doch sonst hatte er kaum etwas gewonnen.

Erfolg in der Geschäftswelt oder auf einem beliebigen anderen Gebiet ist nicht von Natur aus falsch. Die Erfahrung von Macht oder Erfolg im weltlichen Sinne kann enorme Wogen der Hochstimmung und der Befriedigung gewähren. Abhängig von unserer Definition gehören zu den Spielarten des weltlichen Erfolgs zum Beispiel: ein neues Auto, eine Gehaltserhöhung, eine Beförderung, eine Position, in der man anderen etwas zu sagen hat, die sich dem fügen müssen, die Frau eines reichen oder berühmten Mannes oder die Mutter von außergewöhnlichen Kindern zu sein. Wenn wir uns durch unsere Erfolge gut, würdig oder bedeutend fühlen, dann sollten wir unser Glück unbedingt genießen, denn in den meisten Fällen haben wir hart für unsere Gewinne gearbeitet, und sie können uns wertvolle Chancen und Erfahrungen bieten.

Wenn wir zudem die Wahl zwischen weltlichem Erfolg und weltlichem Versagen haben, warum sollten wir uns nicht für den Erfolg entscheiden? Wenn wir die emotionalen Dramen, die ein Zeichen unserer Existenz sind, auf jeden Fall auch künftig erleiden müssen – und das werden wir Menschen weiterhin tun –, warum sollten wir es dann nicht tun, ohne uns Sorgen darum machen zu müssen, wie wir unsere Miete bezahlen sollen oder was geschehen wird, wenn wir lebensbedrohlich krank werden, aber nicht krankenversichert sind? Soweit wir die Möglichkeit dazu haben, sollten wir alle rechtmäßigen Mittel einsetzen, die uns zur Verfügung stehen, um in der Welt, in der wir leben, erfolgreich zu sein. Dabei müssen wir jedoch verstehen, dass selbst der höchste Gipfel weltlichen Erfolgs uns keine Garantie dafür geben kann, dass auch unser Herz zufriedengestellt ist.

***

Ganz ähnlich wie der Wunsch nach herkömmlichem Glücklichsein ist auch der Traum von weltlichem Erfolg – völlig egal, ob wir uns darunter nun Reichtum, Anerkennung, Berühmtheit oder ein angenehmes Leben vorstellen – für das Ego eine ständige Verlockung. Selbst wenn wir von nicht mehr träumen als einer gemütlichen kleinen Blockhütte, einer zwar schlecht bezahlten, aber erfüllenden Arbeit und genügend Geld, um viele Meditationsseminare besuchen zu können, bleibt unser Traum doch derselbe, auch wenn er eine andere Form hat. Wenn wir die Erfahrung weltlichen Erfolgs noch nicht gemacht haben – was immer das in unserer Vorstellung auch ist –, kann und wird das Ego an dieser Idealvorstellung festhalten, weil sie eine weitere Möglichkeit darstellt, dem Weg des Versagens zu entkommen und unserer Enttäuschung darüber, dass unser Leben sich nicht so entwickelt hat, wie wir es uns vorgestellt hatten, zu entfliehen.

Es ist interessant, einmal das Leben eines Menschen wie Leonard Cohen zu betrachten – des Dichters und Musikers, der viele Jahrzehnte lang auf dem Höhepunkt von Anerkennung und Erfolg war. Cohen konnte jede Frau haben, die er haben wollte – und hatte sie auch. Er schrieb Verlegern und Plattenproduzenten vor, seine Werke nach *seiner* Vorstellung zu veröffentlichen. Er war ein Idol, und er besaß alle Reichtümer und Privilegien.

Mittlerweile lebt Cohen in einem spärlich eingerichteten und zugigen Häuschen auf dem Gelände eines kleinen, abgelegenen Zen-Centers in den Bergen im Süden Kaliforniens. Er ist der Koch und Betreuer eines etwa einsfünfzig großen, zweiundneunzig Jahre alten Japaners, der sein Lehrer ist. Cohen steht um halb vier morgens auf, um dann stundenlang mit geradem Rücken dazusitzen und den endlos vorbeiziehenden Strom der Neurosen seines Geistes zu beobachten, während jemand ihm gelegentlich einen Stockhieb versetzt, wenn seine Meditationshaltung zu erschlaffen droht. Den Rest des Tages verbringt er damit, den alten Japaner zu bedienen und für ihn zu kochen. Leonard Cohen hatte eine Beziehung mit der Hollywood-Schauspielerin Rebecca DeMornay, er unterhielt viele Millionen Menschen, und Massen von Groupies versicherten ihn ihrer Hingabe, ihrer Bewunderung und ihres Körpers. Trotzdem entschied er sich dafür, in einer kalten Holzhütte ein selbstloses Leben zu führen, und zwar nicht deshalb, weil er masochistisch veranlagt gewesen wäre, sondern weil er den Weg weltlichen Erfolgs gegangen und gescheitert war – nicht nach den Normen der Welt, aber nach denen seines eigenen Gewissens.

Menschen wie Cohen können wir beneiden. Er hatte in seinem Leben die Möglichkeit, sich Wünsche zu erfüllen, von denen die meisten von uns nur träumen können, und indem er das tat, konnte er – wie auch der Geschäftsmann, mit dem ich sprach – bewusst erfassen, wie sehr eine solche Erfahrung darin versagte, ihn auf eine tiefe und sinnvolle Weise zu erfüllen. Solche Menschen haben die Gelegenheit gehabt, den Geschmack der Macht, den Reiz des Ruhms und das Adrenalin von Ansehen und Position zu kosten. Sie haben die Chance gehabt, ihre Träume auszuleben, den Stoff zu sehen, aus dem sie gemacht sind, herauszufinden, ob sie den Menschen Erfüllung bringen oder nicht, und auch herauszufinden, was durch ihren Erfolg gewonnen wird und was verloren geht.

Arnaud Desjardins – der berühmte französische Filmemacher, der später zum spirituellen Lehrer wurde – beschreibt diesen Prozess als „Freiheit, indem ich weiß, dass ich weiß". Er erzählt eine wundervolle Geschichte über eine Zeit in seinem eigenen *sadhana* (spirituelle Arbeit), in der er trotz der Kraft seiner Übung und ungeachtet der Tatsache, dass er verheiratet war und ein kleines Kind hatte, sehr stark mit Verlangen zu kämpfen hatte – nach Frauen, Macht und Ruhm. Eines Tages ging er zu seinem Lehrer, Swami Prajnanpad aus Indien, und berichtete ihm von seinem Verlangen.

Sein Lehrer, der von sich selbst als Swamiji sprach, sagte: „Swamiji weiß, dass es dir sehr leicht fällt, dich auszudrücken. Warum wirst du kein Politiker? Du könntest ganz leicht zu einem Parlamentsmitglied werden und Macht erlangen. Du bist in einen berühmten Kinostar verliebt, und sie ist in dich verliebt [was zu dieser Zeit nur allzu sehr auf Arnauds Situation zutraf]. Finde heraus, was geschieht, wenn du hingehst und sie heiratest. Anschließend gehe hin und hole dir noch mehr Geld, noch mehr Ruhm."

In dem Wissen, dass er diese Dinge ausleben musste, hatte Arnaud ein Verhältnis mit der Frau, erlebte jedoch gleichzeitig mit, dass sein fünf Jahre alter Sohn nicht verstehen konnte, was mit seinem Vater geschah, dass die Atmosphäre zu Hause nicht dieselbe war, und dass es sowohl in seiner neuen als auch in seiner alten Beziehung Probleme gab. Danach erreichte er in seinem Streben nach Geld und Ruhm großen materiellen Erfolg, und am Ende war die Stetigkeit seiner Übung zurückgekehrt, und er lebte wieder mit seiner Frau und seinem Sohn zusammen. Weil Desjardins der Persönlichkeitstyp war, der er nun einmal war, musste er – bewusst und innerhalb bestimmter Grenzen – den Sieg oder das Scheitern des Erfolgs, wie er ihn sich vorgestellt hatte, *erfahren*. Für ihn reichte es nicht aus, sich die verschiedenen möglichen Ergebnisse einfach nur vorzustellen.

Diejenigen von uns, die nicht das Glück der Erfahrung haben, als heller Stern am Himmel der Gesellschaft zu erstrahlen, bestehen in der Regel unbewusst auch weiterhin darauf, dass wir DIE SACHE bekommen müssen – was immer diese Sache ist –, weil sie uns auf irgendeine Art vervollständigen wird. Es ist äußerst schwer, wenn nicht sogar unmöglich, einen heißhungrigen Geist davon zu überzeugen, dass diese Sache, die er unbedingt haben will, seinen Hunger nicht stillen wird. Die meisten Menschen bringen ihr ganzes Leben damit zu, nach der nächsten Sache zu greifen, weil sie glauben, dass sie sich im Hinblick auf diese „Sache", die sie glücklich machen sollte, vielleicht vertan haben, statt einmal darüber nachzudenken, dass womöglich ein „Nichts"[2] sie befriedigen würde oder wird. Meist müssen wir einfach weiter nach dem Erfolg streben, den wir haben wollen, und hoffentlich lernen wir irgendwo auf dem Weg zu seiner Erfüllung oder Nichterfüllung etwas über uns selbst.

Doch auch die meisten ganz „normalen" Menschen, denen ein solcher Erfolg rein zufällig zuteil wird, sind unfähig, den günstigen Aussichtspunkt, an dem sie stehen, zu nutzen, um etwas Neues über sich selbst oder das Leben zu erfahren. Man weiß, dass viele Lotteriegewinner, statt zu einflussreichen und wohltätigen Menschen zu werden, Bankrott machen oder unter extremen Depressionen bis hin zur Selbstmordgefährdung leiden. Hochleistungssportler und Models sind irgendwann immer zu alt für ihren Beruf, aber oft halten sie an ihrem Ruhm fest und tragen ihn auch Jahrzehnte später noch an die Brust geheftet, als würde das auch nur das geringste darüber aussagen, wer sie als Menschen sind. Statt ihren Erfolg als eine Chance zu nutzen, um sich selbst einmal in einem anderen Licht zu sehen, ziehen viele Menschen es vor, noch weiter in Eitelkeit und Abhängigkeit abzutauchen, um die mögliche Erkenntnis abzuwehren, dass ihr Erfolgsstreben letzten Endes wirklich gescheitert sein könnte.

Weltlicher Erfolg bringt uns mehr weltlichen Erfolg, aber er bietet uns keine Sicherheit oder Garantie dafür, dass wir auch im Hinblick auf unsere Menschlichkeit Erfolg haben. Um zu dem Geschäfts-

---

2 Anm. der Übersetzerin: Die Verfasserin spielt hier mit den Worten „thing" (*Ding* oder *Sache*) und „nothing" (*nichts*). Verändert man die Schreibweise in „no-thing", kann man es auch als *„kein Ding"* oder *„keine Sache"* (also nichts) übersetzen.

mann in Las Vegas zurückzukehren: Nachdem ich seine Geschichte gehört hatte, versuchte ich ihn zu trösten (das ist nicht unbedingt produktiv, wenn jemand zum erstenmal seit sechzig Jahren ehrlich zu sich selbst ist, aber wir Frauen neigen nun einmal dazu) und fragte ihn, ob er Kinder habe, weil ich ihn daran erinnern wollte, dass es oft schon in und aus sich selbst heraus erfüllend ist, einen fähigen und warmherzigen Menschen in die Welt zu bringen. Darauf erzählte er, dass er eine Tochter hatte, die aber schon bald in die Fußstapfen ihres Vaters getreten und zu einem Hai in der Welt des großen Geschäfts geworden war – und die, wenn nötig, auch Köpfe rollen ließ in ihrem Verlangen nach Macht und Erfolg. Seine einzige Hoffnung bestand darin, dass sie in ihrem Leben vielleicht früher zu einigen der Erkenntnisse gelangen würde, für die er sechzig Jahre gebraucht hatte.

***

Was hat der weltliche Erfolg an sich, das dermaßen zwingend ist, dass es uns dazu treibt, uns völlig zu verausgaben und auf unserem Weg so viele andere Möglichkeiten der Erfüllung ungenutzt zu lassen? Dieser Erfolgstrieb rührt von einem leeren Raum in unserem Inneren her, den wir von außen mit Leben füllen wollen. Um es in den Worten des bekannten Schriftstellers Joseph Chilton Pearce zu sagen: Es ist „das Gefühl, dass etwas hätte geschehen sollen, das aber nicht geschehen ist".

Die Wurzeln der unbewussten Ursprünge dieser Leere liegen immer in der Kindheit. Wir sind in einer Zeit und in einer Kultur aufgewachsen, in der unsere Eltern nicht wussten, wie sie uns als die Geschöpfe lieben sollten, die wir waren. Außerdem haben sie sehr stark versucht, uns so zu formen, wie sie uns gerne gehabt hätten. Deshalb haben viele von uns im Laufe der Jahre die Gewohnheit angenommen, uns fortwährend als der Liebe unserer Eltern würdig erweisen zu müssen. Wir müssen *gut genug* sein. Dieser unbewusste Wunsch, uns unseren Eltern gegenüber beweisen zu wollen, manifestiert sich im Erwachsenenalter weiter, wobei er nun allerdings das raffiniertere Deckmäntelchen annimmt, dass wir uns des weltlichen Erfolgs als würdig erweisen müssen. Unbewusst denken wir: „Wenn ich genug Geld verdienen und wertvolle Dinge besitzen kann, habe auch ich einen Wert." Oder: „Wenn ich in der Firma eine

Position von Macht und Prestige innehabe, in der die Menschen mich respektieren, dann erkennen meine Eltern endlich, dass ich Achtung verdient habe." Im Kapitel „Das Versagen von Projektionen" werden wir noch eingehender darüber sprechen, dass es überhaupt keine Rolle spielt, ob unsere Eltern 60 oder 160 Jahre alt sind und ob sie noch leben oder schon gestorben sind, denn wenn wir fest entschlossen sind, uns ihnen gegenüber zu beweisen (meist eine unbewusste Dynamik), dann versuchen wir es trotz allem weiter.

Wir wenden uns auch deshalb dem weltlichen Erfolg zu, weil wir nicht leiden wollen und weil „die Welt" uns so verlockend verspricht, uns durch die Fülle ihrer Reichtümer von diesem Leiden zu befreien. Wir lassen uns von den Möglichkeiten des amerikanischen (oder deutschen oder britischen) Traums verführen, und dabei vergessen wir oft, einmal etwas aufmerksamer in die Gesichter der Menschen zu schauen, die diesen Traum verwirklicht haben.

Ich wurde einmal für eine Radiosendung interviewt und sprach mit dem Moderator über die erste noble Wahrheit des Buddha: „Alles Leben ist Leiden." „Warum sagen Sie, alles Leben sei Leiden?", fragte er herausfordernd. „Wenn ich mich so umschaue, dann sehe ich, dass es den Leuten ziemlich gut geht. Die meisten haben Häuser, Autos und gesunde Familien. In dieser Kultur haben wir doch alles."

„Schauen Sie den Menschen im Supermarkt schon mal ins Gesicht?", fragte ich ihn und gab die Herausforderung zurück. „Oder wenn sie an der roten Ampel warten, mit ihrem Handy telefonieren oder allein bei McDonalds frühstücken? Oder wenn ihnen nicht bewusst ist, dass sie beobachtet werden? Ich weiß nicht, was Sie sehen", sagte ich ihm, „aber ich sehe Leiden. Und je genauer ich hinschaue, um so mehr sehe ich."

Amerika hat seinem eigenen Volk und zudem der gesamten modernen Welt einen Traum versprochen. Trotz eines bescheidenen Erfolgs in finanzieller Hinsicht bringt dieser Wohlstand uns aber einfach nicht die Qualität von Freude und Zufriedenheit oder die Erfahrung einer „Und-alle-lebten-glücklich-bis-an-ihr-Ende"-Familie, die der Fortschrittsrummel uns so fest verspricht. Natürlich bietet der weltliche Erfolg uns ein gewisses Maß an Sicherheit im Vergleich zu den offensichtlichen Überlebensbedürfnissen von Menschen, die auf der Straße verhungern oder von einer tyrannischen Regierung terrorisiert werden, aber trotzdem liefert er uns nicht das, was er versprochen hat. Außerdem haben viele Menschen (darunter auch ich) Länder der Dritten Welt bereist, die für ihren spirituellen Reichtum und ihre menschliche Wärme bekannt sind (darunter Indien, El Salvador und Argentinien), und festgestellt, dass trotz der Tatsache, dass die Menschen an diesen Orten oftmals in äußerst einfachen Verhältnissen und sogar schlimmster Armut leben, Lebensqualität und Freude dort die des Westens weit übersteigen. Im Hinblick auf den weltlichen Erfolg mögen diese Länder scheitern, aber dieses Scheitern erstreckt sich nicht auf das freudlose und erfolglose Leben, das wir uns vorstellen, denn im Gegensatz zu dem, was wir glauben, hat weltlicher Erfolg wenig oder gar nichts mit der Befreiung vom Leiden zu tun, und die Chance zu wahrem Erfolg ist in einem gänzlich anderen Bereich zu suchen.

***

Die Probleme mit dem weltlichen Erfolg entstehen nicht durch den Erfolg selbst, sondern durch unsere falsche Wahrnehmung im Hinblick auf die Bedeutung unseres Erfolgs und durch unsere Unfähigkeit, produktiv mit ihm umzugehen. Weltlicher Erfolg ist ganz einfach das, was er ist, aber er ist auch nicht mehr und nicht weniger als das, was er ist. Erfolg in einem weltlichen Bereich weist auf eine Kombination besonderer Kenntnisse und Fähigkeiten in Verbindung mit ein wenig Glück und gutem Timing hin. Unzufriedenheit stellt sich dann ein, wenn unser Erfolg uns nur aus dem Grund ein gutes Gefühl vermittelt, weil unsere gesellschaftliche und kulturelle Konditionierung uns weismacht, dass wir uns so oder anders fühlen müssen (glücklich, stolz oder erfüllt), wenn wir einen weltlichen Erfolg, den wir angestrebt haben, verwirklichen. Wenn wir uns dazu verleiten lassen, diese Vorstellung zu glauben, und dann das bekommen, was wir haben wollten – ein Jahresgehalt von hunderttausend Dollar, die Beförderung zum Geschäftsführer der Firma oder vielleicht sogar das Filmdebüt in Hollywood –, dann versuchen wir, uns selbst davon zu überzeugen, dass wir wegen dem, was wir vollbracht haben, nun glücklich und zufrieden sind, auch wenn es in Wirklichkeit nur wenig oder gar nichts mit unserer tatsächlichen Erfahrung zu tun hat.

Vielleicht vermittelt unser Erfolg uns ja wirklich ein Gefühl von Zufriedenheit und Sinn, aber es kann ebenso gut sein, dass unser Glück zu Gefühlen der Zwiespältigkeit führt. Wir freuen uns vielleicht, weil wir ein größeres Haus kaufen oder unser Kind auf eine Privatschule schicken können, aber gleichzeitig belastet uns die große Verantwortung, und wir sind erschöpft, weil wir viel arbeiten müssen. Möglicherweise sind wir zornig auf unseren neu gefundenen Erfolg, weil wir es – was immer „es" ist – nur tun, um unseren Partner zu besänftigen, und eigentlich ganz glücklich damit waren, für jemand anderen zu arbeiten und nur zwei Autos anstelle von vier zu besitzen. Vielleicht sind wir von unserem Erfolg auch unerklärlicherweise frustriert, weil ein innerer Zwang, ein erfolgreiches Bild von uns selbst zu schaffen, der Antrieb dafür war und ein anderer Aspekt von uns etwas anderes gebraucht hätte, um glücklich zu sein. Was tun wir, wenn unser weltlicher Erfolg und die Vorstellungen, die wir von diesem Erfolg haben, letztlich scheitern?

Wenn unsere Motive für und unsere Reaktionen auf weltlichen Erfolg in der Erfüllung von Vorstellungen und Erwartungen und nicht in einer wirklichen Erfahrung der Realität bestehen, dann führen wir uns selbst an der Nase herum und betrügen letzten Endes ausschließlich uns selbst. Unsere Sandburg wird trotz aller Versprechungen einstürzen, so wie es auch bei dem Geschäftsmann, den ich in Las Vegas traf, der Fall war.

$$* * *$$

Weltlicher Erfolg und weltliches Scheitern sind nur durch eine Haaresbreite voneinander getrennt. Wenn wir unser Gefühl der Freude oder des Erfolgs aufgrund einer Gunst, die uns die Gesellschaft gnädigerweise gewährt hat, zu ernst oder zu persönlich nehmen, dann erfahren wir ein gleich starkes, entgegengesetztes Gefühl des Scheiterns in dem Moment, in dem diese Gunst zurückgezogen oder wieder fortgenommen wird. Wir werden befördert und erfahren *uns selbst* als erfolgreichen Menschen; dann werden wir entlassen und haben das Gefühl, ein Versager zu sein. Wir heiraten das begehrte Supermodel und sonnen uns im Rampenlicht gesellschaftlichen Neids; dann verlässt sie uns, und wir schämen uns unserer augenblicklichen Anonymität. Wenn wir unseren Erfolg in die Währung gesellschaftlicher Normen investieren, dann verleihen wir dieser äußeren Welt die Macht über unser eigenes Wohlbefinden. Sowohl ihr Versagen als auch unser Scheitern sind unvermeidlich.

Kürzlich sprach ich mit einer Freundin, die gerade fleißig lernt, um ihre Zulassungsprüfung als Psychiaterin zu bestehen. Natürlich war es erforderlich, dass sie diese Prüfung bestand, aber sie redete immerzu davon, dass sie das Gefühl habe, die Zustimmung der Prüfungskommission zu brauchen, um zu wissen, dass sie eine fähige Psychiaterin sei. Sie glaubte, dass die Prüfer, wer immer sie auch sein mochten, ein inneres Gespür für ihre persönliche Bereitschaft haben würden, ihren Klienten zu helfen. Ich sagte ihr, meiner Meinung nach habe sie einen Knall. Hier war eine Frau, die auf der medizinischen Fakultät beinahe ein Jahrzehnt lang hervorragende Noten erzielt hatte, die in den Jahren ihres Praktikums unglaubliche Erfolge bei ihren Klienten zu verzeichnen gehabt hatte, und deren äußerst gebildeter Freundeskreis genau wusste, dass sie ihren zukünftigen Aufgaben in allen Belangen gewachsen sein würde. Sie jedoch hatte eine Phantasievorstellung davon entwickelt, dass „die Welt" der psychiatrischen Zulassungskommission ihr so etwas wie einen persönlichen Gültigkeitsnachweis verleihen würde – im Gegensatz zu ihrer praktischen Zulassung –, den ihr in Wirklichkeit aber nur ihre Eltern hätten geben können. Da die Eltern es jedoch versäumt hatten, das zu tun, war sie nun die einzige, die es tun konnte. Weltlicher Erfolg kommt immer von außen, während der Erfolg unserer Menschlichkeit und unseres Selbstwertes nur aus unserem Inneren kommen kann.

Das Versagen des weltlichen Erfolgs wird nur dann Früchte tragen, wenn wir lernen, den Selbstwert zu achten, der uns innewohnt, völlig unabhängig davon, ob wir von der äußeren Welt einen Gültigkeitsnachweis bekommen oder nicht. Im Laufe der Zeit und durch den andauernden Prozess der Reife auf dem Weg des Lebens erkennen wir vielleicht irgendwann einmal, dass diese „Welt", obwohl sie in und aus sich selbst heraus fraglos real ist, auch durch den Geist erschaffen wird. Oftmals ist eine innere Sicherheit im Hinblick darauf, wer wir sind, wesentlich realer als äußere Sicherheit, auch wenn sie weder greifbar noch sichtbar ist. Wenn unser Scheitern in der Währung der Gesellschaft oder der Welt uns dazu bringt, dass wir auch nur ein klein wenig tiefer nach innen schauen, dann ist unser Misserfolg bereits ein Erfolg, denn es ist die innere Welt, zu der wir uns letzten Endes hinwenden müssen.

Paradoxerweise ist es tatsächlich möglich, die Früchte, die das Versagen des weltlichen Erfolgs für uns bereithält, anzuerkennen und zu empfangen, während wir gleichzeitig weltlichen Erfolg haben. In einem idealen Universum würde auch genau das geschehen, denn es ist nicht so, dass dem Erfolg selbst die Eigenschaft des Misserfolgs innewohnt. Wie bei allen Dingen ist es auch hier unsere Beziehung zu unserem Erfolg, die ihn zufällig oder wirkungslos werden lässt. Wenn wir ein bestimmtes Maß an äußerem, gesellschaftlichem Erfolg brauchen, damit wir uns gut fühlen oder einem anderen Menschen etwas beweisen können, dann haben wir unsere eigene Macht und Würde an eine zufällige Kraft abgetreten, die außerhalb von uns ist. Wenn wir an der Fülle unserer Kultur und Gesellschaft teilhaben können, ohne zu ihrem emotionalen Sklaven zu werden, dann gehört der Erfolg uns, ganz unabhängig davon, ob „er" uns nun das gibt, was wir haben wollen, oder nicht.

Leider schaffen wir es zumeist nicht, einem tiefen Gefühl für unseren eigenen Selbstwert treu zu bleiben, wenn das Universum uns anscheinend jedes Mal die Tür vor der Nase zuschlägt, sobald wir den Raum betreten wollen. Vielleicht (vielleicht aber auch nicht) ist das Universum einfach nicht bereit, uns das zu geben, was wir haben wollen, solange wir nicht gelernt haben, trotz der Dinge, die es uns gibt, mit uns selbst in Frieden zu leben. Möglicherweise gehört die Fülle uns, sobald wir einmal wirklich das akzeptieren, was es uns zu bieten hat. Wäre das nicht interessant? Vielleicht ist das Universum aber auch neutraler und zufälliger, und unsere einzige Möglichkeit, Zufriedenheit zu erlangen, ist ein Glaubenssprung hin zu der Annahme, dass wir das bekommen werden, was wir brauchen, auch wenn es nicht das ist, was wir haben wollten, oder dass wir zumindest *etwas* bekommen werden, womit wir dann tun können, was wir wollen. Der spirituelle Meister E. J. Gold sagte seinen Schülern: „Das, was ist, kannst du nicht ändern, aber du kannst lernen, es zu mögen." Wenn unsere Zufriedenheit im Leben von einer berechneten Größe abhängt, die von der Gesellschaft festgelegt wird, dann ist jeder Erfolg, den wir in diesem Bereich finden, so relativ wie die Norm, nach der diese Größe bestimmt wird. Deshalb können wir, wenn wir wollen, annehmen, dass das Versagen weltlichen Erfolgs lediglich ein weiteres, seltsames Geschenk des Universums an uns Menschen ist, um uns die Möglichkeit zu wahrem Erfolg zu eröffnen.

Kapitel 5

Das Versagen von Vorstellungen und Anschauungen

Vor kurzem erzählte mir ein Freund, dass seine Ex-Frau, von der er kurz zuvor geschieden worden war, jetzt mit seinem besten Freund zusammenlebt. Der interessante Aspekt daran war nicht die Tatsache, dass sie zusammengefunden hatten, denn das ist nicht nur normal, sondern auch verständlich. Faszinierend daran war, dass sein bester Freund bis dahin vehement und sogar ein wenig militant die Meinung vertreten hatte, dass gute Freunde sich *niemals* mit dem früheren Mann oder Freund einer Freundin beziehungsweise mit der ehemaligen Frau oder Freundin eines Freundes verabreden sollten. Doch ganz plötzlich tat „Mr. Moral" genau das Gegenteil von dem, was er bis dahin gepredigt hatte. Oft scheitern unsere Vorstellungen und Anschauungen, sobald sie dem Test des wirklichen Lebens unterworfen werden.

Diese Geschichte ist mit der einer meiner früheren Therapieklientinnen vergleichbar. Ihr Vater diente als Hauptgeistlicher seiner Glaubensgemeinschaft in einer Großstadt. Die Gemeinde verehrte den Priester ganz besonders wegen seiner herausragenden moralischen Vorstellungen und Ideale, während er zu Hause seine Tochter fast fünfzehn Jahre lang auf schlimmste Weise sexuell missbrauchte.

Um unser Verständnis dafür zu vertiefen, warum unsere Anschauungen, Vorstellungen und selbst ethische und moralische Grundsätze versagen, müssen wir zunächst einmal die Ursprünge dieser Ideale untersuchen. Wir sollten uns der Tatsache stellen, dass die meisten von ihnen aus einer direkten Kombination der aktuellen kulturellen Entwicklung und der Ideale unserer Eltern entstanden sind, die wiederum Vorstellungen, Anschauungen und von der Kultur geprägte Verhaltensweisen ihrer Eltern widerspiegeln. Diese sind ihrerseits durch Abstammung, Lebensumstände und eine unendlich große Zahl von einzelnen und kollektiven Faktoren zutiefst geprägt. Mit anderen Worten, unsere Anschauungen und Vorstellungen, unsere moralischen und ethischen Grundsätze beruhen weit mehr auf einer Konditionierung als darauf, dass es unsere eigenen sind. Obwohl wir scheinbar unabhängig zu unseren eigenen Standpunkten gelangen, rühren diese sehr oft von einem bunten Programm aus Psyche, Kultur und Karma her, das bereits in uns festgelegt wurde, noch ehe wir überhaupt geboren wurden! Ich bin in einer sehr gefestigten jüdischen Kultur aufgewachsen, und wenn ich Juden aus anderen Ländern treffe oder internationale jüdische Theaterstücke oder Filme sehe, bin ich immer wieder überrascht, wenn ich feststelle, dass Charakterzüge, die ich stets meiner eigenen Einzigartigkeit zugeordnet habe – und auf die ich zum Teil sogar stolz bin –, ganz allein kulturellen Ursprungs sind. Ich könnte sogar sagen, dass sie in meine Zellen „einprogrammiert" sind.

Der große russische Mystiker G. I. Gurdjieff sprach von der mechanischen Wesensnatur des Menschen, womit er sagen wollte, dass das, was unserer Meinung nach einzigartig und neu in uns ist – unser Ausdruck im gegenwärtigen Augenblick –, so alltäglich und vorhersagbar ist wie die Funktionsweise einer Uhr. Unser jüngstes persönliches Drama und der letzte emotionale Umbruch scheinen nach außen hin vielleicht andere Kleider zu tragen, eine andere Sprache zu sprechen oder sogar eine ganz neue Identität anzunehmen, aber bei näherem Hinsehen offenbart sich, dass sie im wesentlichen damit übereinstimmen, wie wir gewohnheitsgemäß handeln oder reagieren. Diese Erkenntnis mechanischer Gewohnheit mag eine ungewohnte und unangenehme Perspektive sein, aber wenn wir bereit sind, über ihre mögliche Wahrheit nachzudenken, können wir vielleicht erkennen, dass diese Sitten und Anschauungen, zu denen wir neigen, weniger eine Funktion dessen sind, was „richtig" oder „wahr" ist, als vielmehr eine Funktion unserer Neigung und Konditionierung.

Das soll nicht bedeuten, dass wir alle unsere Vorstellungen und Anschauungen aufgeben sollen. Wir haben schon zu viele Liberale, Rebellen und Radikale gesehen, die daran gescheitert sind! „Gegenkultur" als eine Reaktion auf – wenn nicht sogar eine Rebellion gegen – die Kultur des Massendenkens ist oftmals ein Ableger oder eine versteckte Abwandlung genau der Sache, die sie nach außen hin ablehnt.

Wir Menschen brauchen Struktur und Zusammenhalt, und wir brauchen Normen, um in der Gesellschaft miteinander leben zu können. Oft lohnt es sich, diese Dinge von Menschen zu übernehmen, die wir bewundern. Die Wurzeln von Anschauungen und ethischen Grundsätzen liegen oft in hohen Idealen, die von den großen Denkern oder Führern einer bestimmten Epoche einmal dargelegt wurden. Wichtig ist nur, dass wir nicht nur lernen, unsere Anschauungen und Vorstellungen in Frage zu stellen, sondern auch, ihre Begrenzungen zu verstehen.

***

Eine Anschauung kann belanglos sein, wenn sie auf den Geist beschränkt bleibt. Es ist leicht, etwas darüber zu schreiben, es ist leicht, etwas darüber zu lesen (und es ist gar nicht mal so schwer, sie auch gedruckt zu bekommen!), aber es ist etwas völlig anderes, sie auch zu leben. Selbst wenn wir unsere Ideale und Anschauungen nicht in unseren Alltag integrieren können, haben sie möglicherweise immer noch einen lohnenden Effekt, entweder auf unsere berufliche (und besonders akademische) Laufbahn, oder indem sie eine Inspiration für die Menschen sind, die eher als wir fähig sind, sie in ihrem Leben zu verkörpern. Ideale und Anschauungen lassen sich aber auch als eine Art von geistiger Selbstbefriedigung missbrauchen, bei der das Philosophieren nicht mehr das Mittel ist, um ein erfüllteres Leben zu führen, sondern zum eigentlichen Ziel wird.

Während meiner ersten Reise nach Indien traf ich einen Mann, der angeblich *alles* wusste. Es gab kein Jahrzehnt der Geschichte, keine religiöse Gestalt, keine soziale Bewegung, keinen Philosophen und keine Philosophie oder irgendein anderes Fachgebiet der akademischen Welt, mit dem er nicht vertraut gewesen wäre – modern, antik, amerikanisch, ägyptisch oder was auch sonst. Er war ein Genie, und in der Debatte konnte er es wahrscheinlich mit vielen profilierten Experten aller möglichen Fachgebiete aufnehmen. Aber was genau brachte ihm all dieses Wissen ein? Sein Kopf war dermaßen aufgebläht, dass seine Füße kaum noch den Boden berührten! Er hatte Probleme damit, sich anderen ebenbürtig zu fühlen, weil er ihnen in intellektueller Hinsicht so offenkundig überlegen war. Ich sah ihn zuletzt an dem Abend, an dem er seine Verlobte ohne eine

Vorwarnung und ohne ersichtlichen Grund sitzen ließ. Im Hinblick auf seine Menschlichkeit und seine Fähigkeit, in der Tiefe seiner zwischenmenschlichen Beziehungen zu leben, hatten seine Ideale und Anschauungen ihm nicht viel eingebracht, und man könnte sogar die Auffassung vertreten, dass sie seine Versuche, auf diesem Gebiet erfolgreich zu sein, vereitelt hatten, weil er ihretwegen von seinem eigenen Glanz so betört war.

Manchmal sind unsere hohen Ideale auch nichts anderes als unsere Begrenzungen, denn wir können mit Sicherheit cleverer, philosophischer oder idealistischer sein, als gut für uns ist. Wenn wir allzu smart sind, tappen wir sehr leicht in die Falle, uns unseren Weg aus den Dingen sozusagen herauszudenken oder zu glauben, dass wir etwas wüssten, weil wir es mit unserem Geist erfassen können, obwohl dieses „Verstehen" in Wahrheit nur eine Ansammlung von Tatsachen ist, die nicht in unserer Erfahrung begründet sind. Wir scheitern an unserer eigenen Cleverness, denn sie lässt uns glauben, wir wüssten etwas, was wir in Wirklichkeit gar nicht wissen, und daher hören wir auf, nach den wahren Antworten zu suchen. T. S. Eliot hat es sehr präzise ausgedrückt: „Der Nobelpreis ist der Fahrschein zur eigenen Beerdigung. Niemand, der ihn je bekommen hat, hat danach noch etwas getan." Auf ähnliche Weise neigen wir dazu, Situationen auf der Grundlage vorgegebener und rigider Glaubenssätze und Normen zu beurteilen, wenn wir zu philosophisch oder zu moralistisch sind, und dadurch treffen wir Entscheidungen, die darauf beruhen, wie die Dinge *vermeintlich* sind, und nicht auf ihrer Einzigartigkeit in diesem Augenblick. Natürlich können wir unsere Augen auch dann vor der Realität verschließen, wenn wir zu naiv und offen sind. Unser Leben ist voller unbegrenzter Möglichkeiten, und gleichzeitig ist ihm das Scheitern vorherbestimmt. Um ein erfülltes Leben zu leben, sind wir verpflichtet, ein Gleichgewicht zwischen Optimismus und Offenheit dem Leben und der ganzen Menschheit gegenüber einerseits und einem intelligenten Wahrnehmungs- und Urteilsvermögen andererseits zu bewahren.

***

Wir alle streben danach, unsere Vorstellungen und unsere tägliche Realität miteinander in Einklang zu bringen – unsere Botschaft in einer beständigen und sinnvollen Weise zu leben –, und für Augenblicke oder für einige Stunden gelingt uns das auch. Wir richten die Handlungen unseres Körpers und die Worte, die von unseren Lippen kommen, nach den Absichten unseres Geistes aus, wir handeln so, wie es sich nach unserem Wissen für die Situation angemessen ist, und nicht nach unseren persönlichen Vorlieben, oder wir stellen die Interessen anderer Menschen unseren eigenen Interessen voran. Die Menschen, denen es beständig und einigermaßen fehlerfrei gelingt, eine solche Ausrichtung über Jahrzehnte oder sogar ein Leben lang aufrechtzuerhalten, werden häufig als Weise oder als Heilige bezeichnet. Wir anderen versagen dagegen wieder einmal, und im großen und ganzen immer wieder.

Ideale und Anschauungen sowie moralische und ethische Grundsätze bereiten die Bühne für eine Reihe von Möglichkeiten vor. Unser Leben ist das Epos, in dem wir versuchen, diese Möglichkeiten auszuleben, in dem wir jedoch in unseren gescheiterten Versuchen, dies zu tun, auch fortwährend gedemütigt werden. Wenn wir uns wirklich auf den Weg begeben, den man als „Arbeit am Selbst" oder „persönliche Transformation" bezeichnen kann, dann verstehen wir allmählich auch, dass es ein extrem langsamer und äußerst mühevoller Prozess ist, unsere selbstbezogenen, selbstzufriedenen und/oder selbstzerstörerischen Verhaltensweisen, mit denen wir erzogen wurden, in Verhaltensweisen zu ändern, die auf unsere höheren Ideale ausgerichtet sind. Dieser Prozess ist weitaus mühseliger, als wir je gedacht hätten. Es fällt uns schon schwer genug, unser Leben und unsere Umstände klar zu überdenken und zu verstehen, ganz zu schweigen davon, dann auch entsprechend dieser Klarheit zu handeln. Ziemlich oft bleiben wir im Morast irgendwo zwischen den beiden stecken.

„Im Zen bin ich eine Versagerin", sagte mir Joan Halifax in einem Interview, in dem es um Erleuchtung ging. Die bekannte Anthropologin und Schriftstellerin, die seit mehr als zehn Jahren als buddhistische Zen-Meisterin oder *roshi* arbeitet, erzählte mir, dass sie im spirituellen Leben eine Versagerin sei. Ich suchte sehr genau nach Zeichen einer vorgetäuschten Demut, aber ich erkannte sofort, dass sie tatsächlich die Wahrheit über sich selbst und dabei zugleich auch die Wahrheit über uns alle sprach. Obwohl sie in vielen akademischen und spirituellen Kreisen hoch angesehen war, hatte sie sich selbst als Versagerin erkannt. Ich nehme an, dass sie sich selbst als Versagerin bezeichnet, weil sie einen Blick auf die reale Möglichkeit eines Lebens erhascht hat, das, ausgerichtet auf Wahrheit, Gegenwärtigkeit, objektive Klarheit und den selbstlosen Dienst an der Menschheit, von Augenblick zu Augenblick gelebt wird, und sie wusste, dass sie in kleinen und großen Dingen täglich darin versagte, diese Vision in Taten umzusetzen.

Eine solche Sichtweise könnte man auch als „Gewissen" bezeichnen, und das ist ein sehr interessantes Thema. Um jedoch von der Überlegung einer Zen-Meisterin zu einer Überlegung zu kommen, die mir vertrauter ist: Ich wurde in einer Familie erzogen, in der man Gott fürchtete. Als Kind erhielt mein Vater die allerhöchste ethische Erziehung, die zur damaligen Zeit in einer sanktionierten jüdischen Einrichtung überhaupt möglich war. Da die alten Gesetze der jüdischen Philosophen und Mystiker sich unauslöschlich in seinen Geist eingeprägt hatten, kannte er ganz zweifellos den Unterschied zwischen „richtig" und „falsch" – *theoretisch*. Die Erziehung, die er als Kind von seinen Eltern erhielt, war hingegen äußerst mangelhaft, auch wenn sie in jüdische Moralvorstellungen und Gesetze verpackt und von Vernachlässigung und Einschüchterung gekennzeichnet war. So wurde er erwachsen mit einer enormen Spannung und Diskrepanz zwischen dem, was er als rechtmäßig erkannte, und der Art und Weise, wie er als Kind behandelt worden war, noch dazu mit den Verhaltensweisen, die er dadurch in sein Leben übernommen hatte. Ein großartiger Zusammenprall von Idealen und Taten!

Eine der Hauptursachen für unser gestörtes Gewissen ist die Tatsache, dass Eltern sagen, dass sie so oder so handeln wollen – sie philosophieren über diese hochgeistige Vorstellung oder jenen moralischen Grundsatz –, dann aber genau entgegengesetzt handeln. Wenn ein Kind etwa Anzeichen einer geistigen oder psychologischen Verwirrung zeigt oder zu Gewalttätigkeit neigt, dann fragen wir uns häufig, wie dies angesichts der hohen moralischen, philosophischen oder gesellschaftlichen Einstellung seiner Eltern sein kann. Könnten wir jedoch einen Blick hinter die geschlossenen Türen seines Zuhauses oder auch hinter die unsichtbaren, geschlossenen Türen der Psyche seiner Eltern werfen, dann wäre der Grund für das Verhalten des Kindes sicherlich schnell offenbar.

Bei uns allen besteht ein Widerspruch zwischen der Vorstellung, die wir von uns selbst haben, und unserem tatsächlichen Wesen, und viele gestehen das auch ein. Sie streben danach, so oder so sein, handeln dann aber genau entgegengesetzt. Sie bilden sich ein, mitfühlend oder großzügig zu sein, können jedoch nicht umhin, das unerwartete Auftauchen von Charakterzügen wie Grausamkeit oder Selbstsucht zu bemerken. Wofür die Menschen aber weniger Verständnis und Mitgefühl empfinden, ist die Tatsache, dass unsere Menschlichkeit selbst es uns sehr schwer macht, nicht daran zu scheitern, unseren eigenen Vorstellungen und Anschauungen gerecht zu werden. Die meisten Menschen sind nicht nur im Zweifel, ob sie überhaupt ein Gewissen haben oder nicht – sie haben bisher weder entdeckt, was ihr Gewissen *ist*, noch wie sie erfolgreich eine harmonische Beziehung zwischen dieser Kraft und der Anfälligkeit ihres eigenen Menschseins erschaffen können.

Als Menschen ist es paradoxerweise unsere Aufgabe, unseren Idealen gerecht zu werden, während wir im Hinblick auf unser diesbezügliches Scheitern gleichzeitig zunehmend klüger und realistischer werden. Unseren Idealen können wir niemals gerecht werden, denn so, wie eine Elternschaft ein andauernder und lebenslanger Lernprozess ist, der niemals erfolgreich „erledigt" oder abgeschlossen wird, so ist der Prozess, zwischen unseren Vorstellungen und unseren Taten ein Gleichgewicht auszuhandeln und zu erzeugen, nicht nur eine fortlaufende Beziehung, sondern birgt auch die Möglichkeit unendlicher Vertiefung und Entfaltung. In diesem Paradoxon werden wir nie an einen Punkt gelangen, an dem wir sagen können: „Ich bin angekommen."

***

Es lohnt sich, über die Existenz objektiver – im Gegensatz zu subjektiven – Vorstellungen und Anschauungen und über eine objektive – im Gegensatz zu einer subjektiven – Beziehung zu diesen Vorstellungen und Anschauungen einmal nachzudenken.

Wenn wir an die HÖCHSTE WAHRHEIT oder an Gott glauben, was die meisten Menschen (von ganz hartgesottenen Existentialisten einmal abgesehen) auf die eine oder andere Weise tun, dann scheint es eine Reihe von „objektiven" Vorstellungen und sogar moralischen

Grundsätzen zu geben, die entweder im himmlischen oder im irdischen Reich unerlässlich und unanfechtbar sind. Mittlerweile weiß man nicht nur, dass die mystischen Lehren aller großen Traditionen im Grunde von ein und derselben WAHRHEIT sprechen, wenn auch in unterschiedlichen Sprachen, sondern auch, dass diese WAHRHEITEN mit den Gesetzen der frühen und auch der modernen Wissenschaft übereinstimmen. „Große Denker denken ähnlich", sagt man, und im Hinblick auf ihre essentiellen Kenntnisse vom Leben und der Menschheit stimmen die großen Heiligen und Weisen aller Kulturen und Traditionen trotz enorm großer und offenkundiger Unterschiede in ihren Traditionen oft in hohem Maße überein.

Innerhalb dieser objektiven Wahrheit findet sich jedoch ein unendlich großes Aufgebot an Subjektivität in unseren Idealen und Anschauungen. Ich glaube dies, und du glaubst das. Ich bin sicher, dass ich mit dem, was ich glaube, Recht habe, und du bist ebenso sicher, dass du Recht hast mit dem, was du glaubst. Die meisten Vorstellungen, moralischen Prinzipien und Anschauungen, die wir haben, fallen tatsächlich in den Bereich des Subjektiven, aber wir behandeln sie so, als ob sie die objektive und höchste Wahrheit wären. Sie rühren von etwas her, das jemand uns vor so langer Zeit erzählt hat, dass wir uns schon gar nicht mehr daran erinnern, es gehört zu haben, oder von jemandem, der uns dermaßen beeindruckt hat, dass wir beschlossen haben, so sein zu wollen wie er, auch wenn wir uns schon gar nicht mehr an sein Gesicht erinnern können. Dann nehmen wir unsere subjektiven Vorstellungen und verteidigen sie wie eine Bärin ihre Jungen. Innerlich sind wir so sehr mit unserer Verteidigung beschäftigt, dass wir nicht mehr daran denken, einmal zu hinterfragen, ob unsere Vorstellungen überhaupt objektiv sind und warum wir so viel Wert darauf legen, sie zu verteidigen!

Bei der anderen Frage hinsichtlich der Objektivität oder Subjektivität von Vorstellungen und Anschauungen geht es darum, dass wir uns mit ihnen *identifizieren*. Nicht nur beruhen viele unserer Vorstellungen, Anschauungen und moralischen Grundsätze einzig und allein auf einer psychologischen und kulturellen Konditionierung – unsere Assoziierung und Identifizierung mit ihnen ist gleichermaßen mechanisch und vorherbestimmt. Zu sagen, dass wir uns mit unseren Vorstellungen und Anschauungen (oder moralischen oder ethischen Gründsätzen) identifizieren, bedeutet, dass wir sie in unseren Gedanken mit demjenigen gleichsetzen, der wir sind. Wir haben sie als unser Eigentum übernommen und so in unsere Vorstellung von uns selbst integriert, dass wir uns nicht als getrennt von ihnen wahrnehmen (eine Vorstellung, die wir im Kapitel „Das Versagen von Projektionen" noch näher besprechen werden). Deshalb glauben wir, dass jemand, der mit unseren Vorstellungen oder Anschauungen nicht einverstanden ist, *uns* nicht zustimmt oder *uns* zurückweist, weil wir uns nicht als getrennt von unseren Vorstellungen wahrnehmen. Daher ist es durchaus denkbar, dass wir einen Einblick in eine objektive Vorstellung haben, uns aber höchst subjektiv mit ihr identifizieren. (Ein klassisches Beispiel hierfür ist eine ungünstige astrologische Vorhersage oder eine paranoide Einstellung, die auf einem echten Einblick in die Realität beruht.) Die ganze Sache wird äußerst heikel, denn intuitiv erahnen wir die essentielle Klarheit unserer Vorstellung, Anschauung oder Sichtweise, und doch wissen wir nicht, dass unser Festhalten daran nicht objektiv ist. Das lässt uns sehr schnell selbstgerecht werden, da wir in der Tat das Wissen haben, unser Wissen aber nicht kennen!

Ein kluger Lehrer stellte seinen Schülern einmal die Frage: „Willst du Recht haben, oder willst du in einer Beziehung sein?" Was sind unsere Ideale und Anschauungen uns wert? Sind wir bereit, ihretwegen aufrichtige und offene Beziehungen zu anderen Menschen zu opfern? Ist es uns wichtiger zu beweisen, dass wir Recht haben, als einem anderen Menschen das Gefühl zu geben, dass sein Anderssein anerkannt wird? Sind unsere Vorstellungen uns wichtiger als Liebe? Als menschliche Verbundenheit? Als unsere Bereitschaft, uns selbst zu hinterfragen oder – Gott behüte – gezeigt zu bekommen, dass wir *Unrecht* haben? Vorstellungen und Anschauungen sind durchaus in Ordnung; sie sind in der Tat von unschätzbarem Wert, aber sie lassen uns immer im Stich, wenn wir sie benutzen, um uns von dem zu trennen, was uns wirklich wichtig ist.

***

Welchen Erfolg birgt unser Versagen, unsere Vorstellungen, Anschauungen und Ideale auszuleben? Wir haben Erfolg, wenn wir erkennen, dass unsere Vorstellungen nur Vorstellungen sind – nicht mehr und nicht weniger. Neben den ein oder zwei objektiven Vorstellungen, über die wir vielleicht zufällig gestolpert sind und die wir einigermaßen anmutig integriert haben, bestehen die meisten unserer Vorstellungen aus Konstrukten, die wir übernommen haben, um unserem Leben einen Sinn zu verleihen. Mit etwas Glück haben wir uns für hohe Ideale und moralische Grundsätze entschieden, oder man hat sie uns beigebracht. Wenn wir Pech haben, stehen wir in unserem Leben vor mehr Problemen als nötig. In jedem Fall dienen unsere Vorstellungen und Anschauungen uns in dem Maße, in dem sie uns helfen, ein Leben der Integrität und der Anteilnahme zu leben, und sie erweisen uns einen schlechten Dienst in dem Maße, in dem wir sie benutzen, um uns mit ihnen gegen die Verletzlichkeit und die Unberechenbarkeit des Lebens zu verteidigen.

Wenn unsere Vorstellungen uns im Stich lassen oder wir darin versagen, unseren Idealen gerecht zu werden, dann erhalten wir die Chance, endlich herauszufinden, wer wir unter diesen Mutmaßungen sind. Wir glauben auf eine bestimmte Weise, und vielleicht predigen wir sie sogar allen, die zuhören, doch wir handeln auf eine ganz andere Weise, und wir können viel daraus lernen, wenn wir diesen Widerspruch erkennen. Wir lernen, dass wir alle höchst fehlbare Individuen sind und dass es unmöglich ist, all unseren Vorstellungen und Anschauungen gerecht zu werden. Wir lernen, dass wir nicht so verlässlich sind, wie wir es von uns selbst gern glauben würden, und hoffentlich inspiriert es uns dazu, mit größerer Integrität zu leben, während wir zugleich sowohl uns selbst als auch anderen eher für unser diesbezügliches Scheitern vergeben können. Vielleicht lernen wir, dass Vorstellungen und Anschauungen nicht immer so wichtig sind, wie wir glauben – dass es in den Ansichten anderer Menschen aufrichtige und reale Werte gibt, und wenn schon nicht in ihren Ansichten, dann zumindest doch in den Menschen selbst! Wenn wir im Laufe der Zeit wahrnehmen, dass unsere Vorstellungen und Anschauungen sich verändern, sind wir vielleicht nicht mehr so sehr von unserer eigenen Richtigkeit überzeugt, nicht mehr so sicher, dass unsere jetzige Denkweise immer so bleiben wird, wie sie ist, oder dass sie die einzig richtige Denkweise ist. Dadurch erlangen wir uns selbst und anderen gegenüber eine größere Toleranz. Der vielleicht wichtigste Punkt ist aber, dass wir durch unsere eigenen Schwächen gedemütigt werden und dass diese Demut sowohl zu einem wertvollen Aktivposten als auch zu einer Stärke wird.

Kapitel 6

Das Scheitern von Erwartungen und Plänen

„Wie bringst du Gott zum Lachen?"
„Erzähle ihm von deinen Plänen."

Wann hat Ihr Leben zuletzt so funktioniert, wie Sie es geplant oder erwartet hatten? Und wenn ein Bereich Ihres Lebens durch Zufall so gelaufen ist, wie Sie es geplant hatten, haben Sie sich so *gefühlt*, wie Sie es Ihrer Absicht gemäß erwartet hatten? Und wenn Sie sich so gefühlt haben, wie Sie es erwartet hatten, wie lange hat es angehalten? Und wenn Sie darauf bestanden haben, dass es so gehen sollte, wie Sie wollten, waren Sie zuversichtlich, dass Ihr Weg tatsächlich der optimale Weg war?

Ich weiß nicht, ob ich je einem Menschen begegnet bin, dessen Leben genau so verlaufen ist, wie er es erwartet *und* erhofft hatte, und der mit dem Ergebnis vollkommen zufrieden war. Ja, es gibt Menschen, deren Pläne so begrenzt und deren Vorsätze so rigide sind, dass sie es mehr oder weniger geschafft haben, das Leben in die elegante oder auch weniger elegante Schachtel zu pressen, die sie dafür gebaut haben, aber wir alle wissen recht gut, wie so ein Leben aussieht. Es ist sehr stark strukturiert, vorgedacht und vorgezeichnet, mit einer Innenausstattung aus *Schöner Wohnen* und Rezepten aus *Der Feinschmecker* oder *Essen und Trinken*. Das Haus besingt Pete Seeger als „kleine Schachteln am Hang, kleine heruntergekommene Schachteln…"[3], und alles läuft immer „einfach prima". Das Leben dieser Menschen mag tatsächlich oft „wie geplant" verlaufen (oft aber auch nicht, denn wer kann schon so ohne

---

3 Anm. der Übersetzerin: Hier ist die Rede von dem Lied „Little Boxes", das Pete Seeger im Jahr 1963 gesungen hat. Der amerikanische Textausschnitt lautet im Original: „Little boxes on the hillside, little boxes made of ticky-tacky…".

weiteres einer Krankheit, Scheidung oder Depression entfliehen), doch was ihre Lebendigkeit angeht, zahlen sie für den Erfolg ihrer Pläne und Erwartungen einen hohen Preis.

Ganz wenige privilegierte Menschen mögen es irgendwie schaffen, ihr Leben durch Geld oder Mauschelei nach ihren Wünschen zu gestalten, doch bei den meisten von uns funktioniert das nicht. Das Leben läuft selten so, wie wir es erwarten, und alle außer den ganz kurzfristigen oder sehr konkreten Plänen entwickeln sich meistens anders, als wir es uns vorgestellt hatten. Es mag so scheinen, als seien das schlechte Neuigkeiten, aber wenn wir im Leben auf eine wahre Weise Erfolg haben wollen, dann sollten wir für diese Tatsache dankbar sein.

In seinem Kern ist das Leben gewöhnlich, aber es ist auch unbändig, und es kümmert sich in der Tat nicht um persönliche Wünsche, Sehnsüchte, Erwartungen und Pläne der Menschen, die ein Teil von ihm sind. Wir Menschen haben bestimmte Erwartungen im Hinblick darauf, was das Leben uns geben soll. In dem Versuch, die Wahrscheinlichkeit ihrer Erfüllung zu erhöhen, bauen wir alle möglichen Pläne und Programme um diese Erwartungen herum. Wie wir aber in den letzten Kapiteln schon gesehen haben, entspringen diese Erwartungen oft Vorstellungen, die uns durch kulturelle Bezüge, Anzeigen oder Fernsehspots eingeflößt wurden und dermaßen subjektiv sind, dass es keinen Grund gibt, warum selbst das liebevollste Universum sich darum kümmern sollte oder sie erfüllen wollte.

Wir Menschen haben das Universum nicht erschaffen, und daher können wir es auch nicht kontrollieren. Irgendwann unterwegs haben wir (zumindest in der westlichen Welt) beschlossen, wir wüssten besser, was gut für uns ist, als Gott oder die WAHRHEIT, und deshalb haben wir uns darangemacht, die Natur in unsere Gewalt zu bringen und die Menschen in unserer Umgebung psychologisch zu kontrollieren. Verbunden mit den oft vorhandenen Gefühlen psychischer Hilflosigkeit und Verlassenheit, die sich angestaut haben, weil wir in einer von Neurosen und Missbrauch erfüllten Kultur leben, hat unser bewusstes oder unbewusstes Wissen um die äußerst große Verletzlichkeit und Zerbrechlichkeit unseres Menschseins uns ein dermaßen starkes Gefühl der Machtlosigkeit vermittelt, dass viele Menschen versuchen, sich überlebensgroß aufzubauen, um zumindest einen Hauch von Macht oder Kontrolle zu spüren.

Ungeachtet des offenkundigen Beweises, dass das Leben nicht mit unseren Erwartungen und Plänen konform gehen wird, unternehmen wir trotzdem große Anstrengungen, es in diese Richtung zu manipulieren. Normalerweise verstehen wir unter Manipulation absichtliches und bösartiges Intrigieren, aber sehr viele Menschen versuchen das Leben auf eine subtile und unbewusste Weise zu manipulieren, die so weit geht, dass sie ihnen ganz natürlich erscheint. Doch jede Manipulation ist ein Ausdruck unseres grundlegenden Misstrauens in das Universum und in das Leben, wie es ist, und sie ist der auf Angst beruhende Wunsch, das Leben so zu kontrollieren, dass wir zuversichtlich davon ausgehen können, dass man sich um uns kümmert.

***

Zum Glück für uns entwickelt das Leben sich nur selten gemäß unserer Erwartungen und Pläne. Ich möchte einmal mich selbst als Beispiel nehmen. Noch vor wenigen Monaten lebte ich in einer kleinen Gemeinschaft im Mittleren Westen, hatte finanzielle Unterstützung, war verlobt, wollte heiraten und ging völlig in einem Leben auf, das zu verlassen ich mir gar nicht vorstellen konnte. Ich hatte Pläne: Ich wollte in Europa arbeiten, mit meinem Partner in Urlaub fahren und bis zum Jahresende ein großes Forschungsprojekt abgeschlossen haben. Statt dessen lebe ich nun auf einem atemberaubenden Hügel in den Bergen Kaliforniens, habe einen Lehrauftrag an einer Universität, berate Klienten auf ihrem spirituellen Weg, helfe anderen, ihre Schriftstellerträume zu verwirklichen, und habe ein Buch fast fertig, das von der Fülle des Versagens handelt, wie es in meiner eigenen Erfahrung verwurzelt ist. Was ist passiert? Die Erwartungen und Pläne, die ich für mein Leben hatte, waren gescheitert, und nun stellte das Leben ein neues Programm für mich auf. Hatte ich in meinem früheren Leben versagt, oder war dieses Leben zerbrochen, um Platz für das zu machen, was als nächstes kommen sollte? Natürlich kann niemand diese Fragen mit Bestimmtheit für andere Menschen beantworten, aber wir können erkennen, dass das, was aus einem Blickwinkel wie bitteres Scheitern aussehen mag, aus einem anderen Blickwinkel als totaler Erfolg betrachtet werden kann.

Wenn das LEBEN unseren Plänen und Erwartungen gehorchen würde, dann wäre es selbst nicht vielfältiger als unsere eigene, unterentwickelte Intelligenz, und die Wissenschaft sagt uns, dass wir zur Zeit nicht einmal zehn Prozent unserer verfügbaren geistigen Kapazität nutzen. Da menschliche Selbstsucht und Selbstbezogenheit nun einmal das sind, was sie sind, würden die meisten Menschen ohne Hilfe durch die Unberechenbarkeit des Lebens in einer kleinen Version von Disneyland leben (das je nach ihrem Geschmack spirituell oder von Hollywood geprägt ist), wo jeder sie anbetet, die Sonne immer scheint, der Inhalt ihres Kleiderschranks täglich neu ist, Verführer und Verführerinnen sehnsüchtig warten und sie selbst im Grunde abschalten und alles und jeden anderen zur Hölle schicken. Alles könnte so großartig sein, aber es wäre einfach nicht das LEBEN.

***

Zwar hat jeder Mensch seine eigenen Pläne und Erwartungen, aber wir wollen kurz einmal einige der verbreiteten Erwartungen untersuchen, die Menschen an das Leben haben. Viele davon spiegeln sich in den Kapitelüberschriften dieses Buches wider. Wir erwarten, dass das Leben uns eine „Und-sie-lebten-glücklich-bis-an-ihr-Ende"-Liebe sowie finanziellen und weltlichen Erfolg gibt. Wir erwarten, dass das Leben so verläuft, wie wir es planen, dass es uns mit einem sicheren Heim und vollkommener Gesundheit versieht. Wir erwarten, dass die Menschen so sind, wie wir sie uns vorstellen, dass das Leben einen Sinn enthält, dass Gott ein netter alter Mann im Himmel ist, und wenn wir spirituell veranlagt sind, erwarten wir natürlich auch, dass wir die Erleuchtung erlangen, unser Ego transzendieren und uns in allen Bestrebungen hervortun, die wir in Angriff nehmen. Möglicherweise geben wir nicht zu, dass wir solch hohe Anforderungen an das Leben stellen, aber unser Planungsentwurf liest sich genau so.

Wir halten kaum einmal inne, um die Natur der Erwartungen selbst oder unsere eigenen Gefühle eines berechtigten Anspruchs darauf zu überprüfen. Nur selten stellen wir Fragen wie: „Was erwarte und/oder fordere ich von dieser Situation oder vom Leben selbst?" „Woher rührt diese Erwartung?" „Sind meine Erwartungen angemessen oder nicht?" „Wie werde ich mich der Situation gegenüber verhalten, wenn meine Erwartungen nicht erfüllt werden?"

„Berücksichtigen meine Erwartungen die Möglichkeit eines umfassenderen und unvorhergesehenen Ergebnisses?" Indem wir diese Fragen stellen, können wir weit mehr über uns selbst und über die Forderungen, die wir an das Leben stellen, lernen. Vielleicht erhaschen wir außerdem auch einen Blick auf die Möglichkeit, ein Leben zu leben, das weniger in der Gewalt unserer Erwartungen und Auflagen gefangen ist.

In einigen spirituellen Kreisen hört man häufig Aussagen wie: „Höre auf, Erwartungen zu haben." Oder noch schlimmer: „Es gibt kein ‚Ich' mehr, das Erwartungen haben kann." Zwar sind diese Vorstellungen sowohl edel als auch essentiell wahr, doch für die meisten von uns ist die Realität ihrer Erfüllung weder praktisch durchführbar noch realistisch. Zum einen kann – mit Ausnahme der wenigen Heiligen, die es unter uns gibt – keiner nach Belieben einfach aufhören, Erwartungen zu haben. Wir können lernen, unsere Erwartungen zu beobachten, ihnen Raum zu geben oder sie leicht zu nehmen, aber wir werden sie auch weiterhin haben. Und zum zweiten halten die meisten Menschen, die glauben, dass sie keine Erwartungen mehr hätten, sich einfach selbst zum Narren. Vielleicht hatten sie eine mystische Erfahrung, in der sie ihre Erwartungen eine Stunde, eine Woche oder sogar einen Monat lang loslassen konnten, aber kurz darauf beginnt selbst derjenige in uns, der keine Erwartungen hat, zu erwarten, dass er keine Erwartungen hat, und dann erwartet er, dass er erwartet, dass er keine Erwartungen hat, und so fort. Wir müssen ein Bewusstsein für unsere Erwartungen entwickeln, doch mehr als das sollten wir nicht erwarten!

***

Andererseits sind wir als normale Menschen nicht fähig, unser Leben *nicht* zu planen, und wir können es, realistisch betrachtet, auch nicht sein lassen, ständig Erwartungen an das Leben zu stellen. Unsere Fähigkeit des Planens wird dann schöpferisch, wenn wir lernen, sie als solche zu nutzen; und wenn wir herausfinden, wie wir unsere Erwartungen auf eine breitere Basis stellen können, dann können auch sie Raum für eine große Bandbreite von Möglichkeiten schaffen, die wir in unserem Leben zum Ausdruck bringen können. Unsere Aufgabe besteht also darin, noch einmal bewusst über unsere Beziehung zu unseren Plänen und Erwartungen nachzudenken und daran zu arbeiten, in dieser Hinsicht eine entspannte Flexibilität zu entwickeln. Paradoxerweise verfolgen wir unsere Erwartungen und Pläne mit aller Willenskraft, allem Bestreben und aller Leidenschaft, während wir zugleich anerkennen, dass sie unweigerlich darin versagen müssen, sich so zu entwickeln, wie wir es gerne hätten. Wir „haben Erfolg", indem wir zum Leben eine Einstellung entwickeln, die sowohl offen als auch bejahend ist.

Wir wollen noch einmal das Thema Liebe und Heirat als Beispiel für Flexibilität nehmen. Normalerweise läuft es so, dass wir jemanden treffen, in den wir uns verlieben. Dann entwickeln wir unsere Erwartungen (oder wenden einen bereits bestehenden Satz von Erwartungen an) im Hinblick darauf, wie er sein soll, wie er sich kleiden, sprechen und verhalten soll, und machen Pläne für ein gemeinsames Leben. Schließlich verbringen wir eine bestimmte Zeit mit unserem neuen Partner, in der alle unsere Erwartungen und Pläne uns langsam, einer nach dem anderen, im Stich lassen. Unser Partner hat Angewohnheiten, die uns ärgern, er kleidet sich seltsam, er ist zu dick oder zu dünn, er handelt unreif, bedürftig oder unsicher. Er hört nicht so auf uns, wie wir uns das vorstellen, er redet zu viel und berührt uns nicht so, wie wir es gerne hätten. Vielleicht liebt er uns zu sehr oder nicht genug, oder er will gar nicht heiraten oder viel zu schnell, oder er will fünf Kinder, während wir gar keine Kinder haben wollen.

Der Unterschied zwischen einer erfüllten Beziehung und einer unglücklichen Beziehung – immer davon ausgehend, dass es „Liebe" zwischen den Partnern gibt – besteht an diesem Punkt darin, dass eine funktionierende Beziehung in dem Kontext besteht, dass das Leben sich nicht so entwickelt, wie wir es erwarten. Statt dessen erschaffen wir eine Intention, bieten diese Intention dem Leben dar und warten ab, was uns gegeben wird. Dann begeben wir uns gewissenhaft an die Aufgabe, das, was uns angeboten wird, zu akzeptieren und innerhalb seiner Grenzen eine Fülle zu erschaffen.

Um ein anderes Beispiel zu benutzen: Planung ist von wesentlicher Bedeutung, wenn wir eine neue Karriere anstreben, und hohe Erwartungen ermutigen uns dazu, weit zu werden, damit wir in der Lage sind, die angestrebte Aufgabe zu erfüllen. Wenn wir weder Erwartungen noch Pläne haben, werden wir in unserer Karriere nicht erfolgreich sein (auch wenn wir, abhängig von dem, was wir für unser Leben wollen, in uns selbst immer noch Erfolg haben können). Aber auch hier müssen wir, wenn wir unseren Teil der Abmachung im Hinblick auf die Planung unserer Karriere in Form von Ausbildung, Schulung und Weiterbildung erfüllt haben, offen für das sein, was uns angeboten wird, und wir müssen bereit sein, es für uns arbeiten zu lassen, was immer es ist. Auf diese Weise tragen unsere Pläne dazu bei, Schwung in unser Leben zu bringen und uns eine ganze Reihe von Möglichkeiten zu eröffnen, aber sie beschränken uns nicht auf die Grenzen dessen, von dem wir geglaubt haben, dass wir es haben wollten oder bräuchten.

***

Das Scheitern von Erwartungen wird in unserem Leben dann zu einem Gewinn und nicht zu einem Verlust, wenn das Leben dermaßen übermächtig oder verwirrend wird oder so sehr auf seinem eigenen Willen besteht, dass wir unseren Versuch, es kontrollieren zu wollen, aufgeben. Irgendwann sind wir so erschöpft davon, gegen den Strom von Kontrolle und Manipulation zu schwimmen, dass wir schließlich aufgeben. Wenn wir zur Aufgabe gezwungen werden, denken wir oft: „Ich habe versagt." Oder: „Es ist mir einfach nicht gelungen, dass es funktioniert." Unsere eigene Allmacht hat uns verlassen, und wir sehen uns gezwungen, uns in einer Sache geschlagen zu geben, von der wir annehmen, dass sie uns weniger zu geben hat als das, was wir uns selbst hätten geben können. Meist liefert das Leben uns jedoch bedeutend mehr, als wir ursprünglich bestellt hatten.

Manchmal geben wir die Erwartungen und Hoffnungen, die wir an das Leben haben, auch einzig und allein wegen unserer eigenen Schwächen auf. Wir laufen immer und immer wieder vor dieselbe Mauer – ob in unseren Beziehungen, bei unserer Arbeit oder in unseren Zyklen aus Depression und Selbstmitleid –, und schließlich sinken wir völlig erschöpft an der Mauer nieder und hoffen, dass ein Wunder geschehen wird und wir auf mysteriöse Weise auf die andere Seite gelangen. Auch wenn wir das Gefühl haben, von unserer eigenen Machtlosigkeit und unserem eigenen Scheitern bezwungen worden zu sein, haben wir genau in diesem Augenblick bereits etwas äußerst Machtvolles vollbracht. Wir haben uns unsere eigenen menschlichen Grenzen und Schwächen eingestanden – und das fällt *niemandem* leicht – und dadurch einer höheren Macht lautlos zu verstehen gegeben: „Wenn du willst, dass ich diese Mauer durchbreche, dann mache *du* es möglich."

Dem Akt des – würdevollen – Aufgebens wohnt eine Eigenschaft nutzbringender Demut inne. Es liegt nur wenig Gnade darin, wenn wir erbittert aufgeben und auf dem Gefühl bestehen, dass wir ein Opfer des Lebens sind. Es liegt aber Integrität in dem Eingeständnis, dass wir unfähig sind, das Leben immer wieder zu bezwingen. In unserer Kultur versuchen wir diese Tugend zu versinnbildlichen, indem nach Beendigung von Fußballspielen oder olympischen Wettbewerben die Verlierer den Gewinnern die Hand reichen. Natürlich mag diese Geste nicht immer aufrichtig sein, doch die Handlung besagt: „Ich bin mit meinen Hoffnungen und Erwartungen gescheitert, aber ich bin bereit, diese Situation mit Integrität und Ehre zu meistern." Wir gestehen ein, dass es uns nicht gelungen ist zu gewinnen, dass die Dinge nicht so verlaufen sind, wie wir es gehofft oder erwartet hatten, und aus diesem Eingeständnis heraus entsteht ein Gefühl der Würde, denn wer wir als Menschen unserem Wesen nach sind, hat gar nichts damit zu tun, ob das Universum unseren Wünschen und Erwartungen entspricht oder nicht.

Zudem liegt große Wahrheit in dem Spruch: „Gib nach, um zu erobern."[4] Wenn wir die Prinzipien von Aikido auf diese Überlegung anwenden, dann benutzen wir die wahrgenommene Aggression, dass das Leben uns nicht das gibt, was wir von ihm haben wollen (was nicht wirklich Aggression, sondern nur Energie ist), nehmen diese Energie ganz tief in uns auf und nutzen sie, um mittels der reinen Kraft, die wir durch das Loslassen erworben haben, zu „gewinnen". Wir gewinnen, indem wir das Leben gewinnen lassen. Wenn das Leben gewinnt, besteht der Preis in einer unendlich großen Anzahl von Möglichkeiten – besonders für die Entwicklung von inneren Eigenschaften des Seins und der Fülle im Innen und Außen.

***

---

4 Anm. der Übersetzerin: Das Sprichwort, das die Verfasserin hier anführt, lautet im Original: „Give in so as to conquer."

Vielleicht hat das Leben seine eigenen Erwartungen und Pläne für uns, und es ist unsere Aufgabe, sie zu entdecken und in Übereinstimmung mit ihnen zu leben, statt fortwährend zu versuchen, dem Leben unseren Willen aufzuzwingen. Einige spirituelle Wege bezeichnen diesen Prozess, den eigenen Willen dem Willen Gottes, des LEBENS, des Tao oder des Universums zu überlassen, als „sich dem Willen Gottes hingeben". Sie gehen davon aus, dass es einen WILLEN oder einen WEG gibt, der viel größer als unser eigener Wille ist, und der, wenn wir uns auf ihn ausrichten, unser Leben weit besser lenken wird, als wir selbst es vermocht hätten. Dieser WEG sorgt nicht nur für unsere ureigenen Interessen im größeren Plan der Dinge (die wiederum etwas mit unseren persönlichen Wünschen und Bedürfnissen zu tun haben können oder auch nicht), sondern auch für das größere Ganze, und er weist uns einen Platz darin zu, der es uns ermöglicht, einem größeren Wohl zu dienen und zu seiner Erfüllung beizutragen.

Diesen Prozess, uns auf eine größere Kraft auszurichten, könnte man auch als „Resonanz" bezeichnen. Wir erlauben den inneren Saiten unseres eigenen Wesens, gemeinsam mit den Saiten des Universums zu erklingen. Wenn unsere Pläne und Erwartungen völlig losgelöst in unserem Bewusstsein schweben, bewahren wir die wache Intention, klar zu erkennen, was das Universum in unserem Interesse fordert. Wir bleiben uns unserer eigenen Wünsche und Fähigkeiten bewusst, während wir gleichzeitig um ein Element im Universum wissen, das noch nicht offenbar ist, das möglicherweise aber größer ist als alles, was uns zu diesem Zeitpunkt bekannt ist.

Praktisch ausgedrückt, können wir im Laufe der Zeit lernen, die Zeichen des Universums zu entschlüsseln. Auch dies ist eine heikle Aufgabe, denn wenn unser Wunsch, unseren eigenen Willen zugunsten des universalen Willens aufzugeben, nicht so stark ausgeprägt ist wie unser Bestehen darauf, dass unsere Pläne und Erwartungen erfüllt werden, dann können und werden wir alle Zeichen, die das Universum uns gibt, so manipulieren, dass sie uns immer das mitteilen werden, was wir hören wollen. Im Laufe der Zeit, und nur durch Versuch und Irrtum, können wir jedoch lernen, die Zeichen wahrheitsgetreu zu lesen. Effektiv lesen können wir diese Zeichen dann, wenn wir lernen, für unser Leben nicht nur die Erfüllung unserer eigenen Bedürfnisse und Wünsche anzustreben, sondern auch die Wünsche und Bedürfnisse des größeren Wohls.

Der Plan des Lebens wird unsere eigenen Pläne und Erwartungen untergraben. Das ist der einzige Weg, auf dem wir Menschen verstehen, dass wir *nicht* diejenigen sind, die „den Laden schmeißen". Es ist der einzige Weg, auf dem wir – vielleicht – erkennen, dass wir trotz unserer eigenen verhältnismäßigen und äußerst realen Großartigkeit nicht der Boss sind und dass dieser Boss, welchen Namen wir ihm auch immer geben wollen, eine Kraft ist, die respektiert werden muss und der wir mit kluger, aber uneingeschränkter Ehrerbietung und Hochachtung begegnen müssen. Im gelebten Ausdruck dieser Erkenntnis sind wir ganz und gar erfolgreich.

Kapitel 7

Das Versagen der Sicherheit

In gleichem Maße, in dem wir wollen, dass unsere Pläne und Erwartungen funktionieren, wollen wir auch, dass unser Leben sicher sein soll. Wir wollen glücklich bis an unser Lebensende leben. Wir wollen entscheiden, wie es sein soll, wir wollen selbst herausfinden, wie wir es in diese Richtung lenken können, und wenn wir es dann so haben, wie wir es mögen, soll es für alle Zeiten so bleiben. Wir wollen, dass das Leben unseren Wünschen entspricht, uns glücklich macht und uns vor dem menschlichen Leiden bewahrt. Letzten Endes wollen wir, dass das Leben uns vor sich selbst beschützt, und die Vorstellung von Sicherheit bietet uns diesen scheinbaren Trost.

Die Geschichte von der alten Dame und ihrer Vorbereitung auf die Computerprobleme, die man bei der Umstellung auf das Jahr 2000 erwartete, ist ein ausgezeichnetes Beispiel für den scheinheiligen Trost, den Sicherheit uns bietet. Wie man mir berichtete, geriet die verschrobene, zweiundneunzig Jahre alte Witwe namens Druria (die ihren Sohn Drewie nannte – kein Scherz!) in Panik, dass dieses Problem mit dem Jahr 2000 unseren Planeten zerstören könnte und sie in ihrem Heim in Arizona verhungern und erfrieren müsste. So gab sie ihre gesamten Ersparnisse für elektrische Generatoren, eine Wasserpumpe für den Brunnen, den sie auf ihrem Grundstück gegraben hatte, Windmühlen, genug Getreide für drei Jahre, Trocken- und Dosennahrung, einen Holzofen und Holzvorräte für zwei Jahre, ein Kurzwellenradio und Solarzellen aus. Noch bevor das Jahr 2000 kam, war sie an Krebs gestorben.

Die Illusion von Sicherheit ist einer der Gründe für das ganz offenkundige Scheitern des amerikanischen Traums. Die Vorstellung ist wie folgt: Wenn Sie ein Haus abbezahlt haben (oder zumindest eine solide Hypothek haben), Ihr schönes Auto bezahlt haben (oder zumindest einen Zahlungsplan haben), Ihre Kinder zum College geschickt haben (hoffentlich ohne Studenten-Darlehen), eine gute Krankenversicherung haben (deren Beiträge jedes Jahr hochschnellen) und *glücklich* verheiratet sind (bei großzügiger Rechnung beträgt die Chance etwa fünfundzwanzig Prozent), dann werden Sie für alle Zeiten glücklich sein (das heißt, bis Sie alt und krank werden und sterben). Doch ganz offensichtlich besteht zwischen diesem Ausmaß an Sicherheit und dem Glücklichsein kaum ein Zusammenhang, denn die meisten Menschen, die all diese Dinge haben, sind nicht wirklich glücklich, obwohl sie sicherlich bis zu einem gewissen Grad von der Angst vor materieller Unsicherheit befreit sind, während viele Menschen, die glücklich oder zufrieden sind, in einem oder mehreren dieser Bereiche keine Sicherheit haben. Die Sache ist nicht nur die, dass Sicherheit nicht sicher ist – wir alle wissen, dass scheinbar günstige Umstände sich im Nu ändern können –, sondern dass die Sicherheit uns nicht die Befriedigung verschafft, auf der wir in unserer Vorstellung beharren. Erfolgreich sind wir tatsächlich dann, wenn wir uns damit abfinden, denn nur so lernen wir, unsere Sicherheit in etwas gänzlich anderem zu finden als in dem, was uns unserer Auffassung nach Sicherheit bieten sollte.

***

Sicherheit wollen wir unter anderem deshalb, weil wir nicht sterben wollen. Der Tod ist eine der häufigsten und natürlichsten menschlichen Ängste. Auch wenn wir nicht gerne darüber nachdenken, haben die meisten von uns im allgemeinen panische Angst vor dem Tod – auch die große Mehrheit derjenigen, die behaupten, dass das bei ihnen nicht der Fall sei. Insgeheim wissen wir immer, dass dieses „Ich", als das wir uns selbst kennen, ausgelöscht werden wird, „vernichtet durch Gott", wie einige sagen würden, und wir können absolut nichts tun, um das zu verhindern. Wir aber bestehen darauf, etwas Bleibendes erschaffen zu wollen – verführt von der Vorstellung ewigen Lebens und davon, nie alt zu werden. Unsere ganze Kultur beruht auf der Bewahrung der Jugend, der Bezwingung der Naturkräfte und der Erschaffung von Symbolen der Unsterblichkeit, die in der Realität niemals zu verwirklichen sind.

Ist Ihnen schon einmal aufgefallen, wie albern es aussieht, wenn eine neunzigjährige Frau ihre Haare blond färbt und zu viel Make-up aufträgt? Wenn alle Falten, die in ihrem Gesicht zu sehen sein sollten, nicht da sind, weil sie sich zum sechzehnten Mal hat liften lassen? Sie kommt einem beinahe so vor wie eine Reklametafel, die für die Ablehnung des Todes wirbt. Desgleichen sind Naturkatastrophen dafür bekannt, dass sie kurzfristig die Herzen der Menschen öffnen und ein Gefühl von Gemeinschaft ins Leben rufen, doch auf solche Katastrophen folgt (besonders in den industrialisierten Ländern des Westens) fast unmittelbar das unbeugsame Bestreben, stärkere Infrastrukturen, stabilere Gebäude, besseren Schutz, mehr Sicherheit und ein bestimmtes Maß an Verleugnung zu erschaffen.

Der Überlebenstrieb ist der wichtigste Instinkt im menschlichen Organismus (über den wir in Zusammenhang mit dem „Scheitern des Ego" in Kapitel 9 noch eingehender sprechen wollen), und er ist für die Intensität verantwortlich, mit der wir unsere persönliche Sicherheit vergrößern wollen. Es gibt unendlich viele Kriegsgeschichten, in denen Nachbarn sich gegenseitig bestehlen, Informationen preisgeben, die zur Gefangennahme oder zum Tod des jeweils anderen führen, oder sich sogar gegenseitig umbringen, wenn es darum geht, „zu töten oder getötet zu werden". Der beschützende Überlebensinstinkt der Mutter ist fast allen Säugetieren eigen, und er ist so alt wie die Menschheit. Alle Mütter und die meisten Väter kennen die Panik sehr gut, die sie – oft zum erstenmal in ihrem Leben – empfinden, wenn sie plötzlich ein verletzliches, hilfloses junges Leben in ihren Händen halten.

Unser „Überlebenskreis" erstreckt sich zudem über unseren eigenen Körper hinaus. Daher sind die offenkundigen Akte der Großzügigkeit oder des Dienstes an anderen in unserem Umfeld nicht immer so selbstlos, wie sie scheinen. Bei meiner Beratungsarbeit höre ich immer wieder Geschichten von Menschen, die in emotionaler Hinsicht von Eltern, die darauf beharrten, dass sie nur das Beste für ihr Kind wollten (etwa die Mutter, die ihren Sohn mit ihrer Zuneigung erstickt, ihn wie eine Glucke beschützt und ihn übermäßig anbetet), schwerst manipuliert wurden. Unser Überlebenstrieb mag in erster Linie unserem eigenen Körper gelten, aber bald danach kommen unser Partner, unsere Kinder, unser Familienverband, unsere Gemeinschaft und unser Land. Alle diese Einzelpersonen und Gruppen betrachten wir als eine Erweiterung von uns selbst und als notwendig, um unser eigenes Bedürfnis nach Sicherheit und Überleben zu stillen. Deshalb haben wir ein verbrieftes Interesse daran, uns um ihr Überleben zu kümmern, denn so können wir auf Umwegen unser eigenes Überleben sichern. Es ist sicher ganz natürlich, für uns selbst und unser Umfeld Wohlergehen und Sicherheit haben zu wollen und alles in unserer Macht Stehende zu tun, um sie zu gewährleisten. Da die Sicherheit irgendwann aber auf jeden Fall versagen wird, ist es hilfreich zu wissen, was genau versagt hat und warum es uns in so starkem Maße betrifft, wie es das tut.

***

Wie bereits erwähnt, wollen wir auch deshalb, dass das Leben sicher ist, damit wir und die Menschen, die wir lieben, nicht leiden müssen. Niemand will leiden, und es gibt Dinge, die wir tun können, um mehr *offenkundige* Sicherheit und dadurch weniger *offenkundiges* Leiden in unserem Leben entstehen zu lassen. Auf der materiellen Ebene können wir beispielsweise fleißig arbeiten, Geld verdienen, ein schönes Haus kaufen oder in Urlaub fahren. In geistiger Hinsicht können wir lernen, positiv zu denken oder eine Intelligenz zu entwickeln, die es uns ermöglicht, Entscheidungen zu treffen, die auf Wissen beruhen. Auf emotionaler Ebene können wir daran arbeiten, befriedigende Beziehungen aufzubauen, oder wir können die Hilfe eines Therapeuten in Anspruch nehmen, um ein inneres Gefühl des Heilseins zu erlangen und zu lernen, liebevoller mit uns selbst umzugehen. Keine dieser Unternehmungen wird uns aber vor den überraschenden „Curveballs"[5] retten, die das Leben für uns bereithält und auch garantiert werfen wird. Das Paar, das in meiner Straße ein paar Häuser weiter wohnt, hat gerade ein geistig behindertes Kind zur Welt gebracht. Bei einem meiner Freunde wurde Dickdarmkrebs diagnostiziert. Der nette ältere

---

5 Anm. der Übersetzerin: Der Begriff „curveball" stammt aus dem Baseball-Sport und beschreibt einen Ball, der bogenförmig vom Werfer zum Schlagmann geworfen wird.

Bruder meines Klienten bekam einen Bauchschuss von der Polizei ab, als er jemanden ausrauben wollte. Doch auch ohne solche extremen Fälle können die Umstände unseres täglichen Lebens uns ständig Enttäuschung und Leid bringen, können unser Gefühl der Sicherheit fortwährend untergraben.

Natürlich müssen wir einen Preis dafür bezahlen, dass wir uns ein Leben und eine Welt erschaffen, in der wir versuchen, möglichst wenig Leiden auf uns zu ziehen. Da das Leiden Teil des natürlichen Gleichgewichts der Dinge ist, rufen wir ein Ungleichgewicht im System hervor, wenn wir zu viel künstliches Wohlbehagen erschaffen. Für unser Wohlbehagen zahlen wir mit einer Verzerrung der Natürlichkeit des Lebens, und die Quittung dafür ist ein Leben oder eine Kultur, die zwar unbestreitbar behaglich, aber auch in solch hohem Maße oberflächlich ist, dass es ihr an Tiefe und Dimension fehlt. Viele Menschen schrecken vor dem Schmutz, der Armut oder den beengten Lebensbedingungen in einigen Teilen von Ländern wie Mexiko oder Birma zurück, aber trotzdem gibt es in diesen Kulturen eine organische Qualität der Natürlichkeit und der Menschlichkeit, die schwerlich zu leugnen ist. Vielleicht ertragen viele Menschen in Mexiko oder Birma größere Unbequemlichkeiten im Alltag, aber daraus können wir nicht überzeugend schließen, dass sie als Menschen mehr leiden, als wir im Westen es trotz unserer verhältnismäßig großen „Sicherheit" tun.

Sicherheit und die mit ihr verbundene Vorstellung eines körperlichen, intellektuellen und emotionalen Wohlbehagens ist nicht mehr als ein *Sinnbild* für die Freiheit von Mühsal, Kampf und Beklommenheit. Ich sage „Sinnbild", weil ein Sinnbild eine Darstellung für etwas anderes ist. Äußere und gedachte Sicherheit, auch wenn sie in und aus sich selbst heraus real ist, ist ein Sinnbild für eine innere Sehnsucht, in DEM zu ruhen, was wahrhaft unsterblich, unveränderlich und letztlich SICHER ist. Die innere Wahrnehmung einer Sicherheit, die wir auf der Basis äußerer Erfahrungen und Umstände herleiten, kann zwar beruhigend und tröstend sein, ist jedoch ebenso vorübergehender Natur wie die Dauer der Situation, die sie erschaffen hat.

Außerdem müssen wir uns die Frage stellen, weswegen wir denn wirklich leiden. Es gibt eine relative Form des Leidens, die äußerst real ist – Herzensbruch, Krankheit, verletzte Gefühle, schwierige Umstände. Es gibt jedoch noch eine andere Form des Leidens, die wir als das Leiden der Trennung von Gott oder der WAHRHEIt, von uns selbst, von der Fülle unseres Menschseins bezeichnen könnten. Über diese Vorstellung wollen wir im weiteren Verlauf dieses Buches noch eingehender sprechen, doch hier geht es darum, dass wir oftmals Verrenkungen machen, um eine Sicherheit zu erzeugen, die uns vor Leiden und Mühsal schützen soll, wenn doch das, worunter wir wirklich leiden, damit gar nichts zu tun hat.

***

Das Beharren auf Sicherheit kann leicht zu einer inneren Leblosigkeit und zu mehr oder minder stark ausgeprägten Graden von Selbstaufopferung oder Selbstaufgabe führen. Das ist der Fall bei meinem Cousin, dem begüterten Rechtsanwalt. Er hat das Gefühl, dass ihm das entgeht, was er in seinem Leben wirklich tun will, aber den Gedanken, auch nur irgendeinen Teil seines bequemen Lebensstils aufgeben zu müssen, oder die Reaktion seiner Frau, wenn er es täte, kann er ebenso wenig ertragen! Auch ihre offenkundig gescheiterte Ehe kann er sich nicht eingestehen. Sowohl er als auch seine Frau haben viel zu große Angst, um das Risiko der Einsamkeit oder des Unbekannten einzugehen, und so harren sie weiter innerhalb der Mauern desselben Hauses aus und halten die Sicherheit „auf dem Papier" aufrecht, sind jedoch nicht fähig, im Schutz wahrer Liebe oder Gemeinschaft zu ruhen.

Für viele Menschen hat Sicherheit einen höheren Wert und Stellenwert als die unendlich vielen Möglichkeiten, die sich ihnen im Leben bieten, und das auf allen Ebenen. Sie behalten den schlechten Job, bleiben bei ihrer ungesunden Lebensweise, tun nichts gegen ihre Abhängigkeit von Alkohol oder Drogen, gegen ihre neurotische Psyche (denn selbst *sie* ist sicher) oder gegen ihr distanziertes Verhältnis zu Gott, weil sie nicht das Risiko eingehen wollen, das wenige, was sie haben, bei ihrer Suche nach etwas Größerem zu verlieren. Wenn wir den schlechten Job an den Nagel hängen, könnten wir arbeitslos oder sogar obdachlos werden – vielleicht würden wir sogar verhungern… oder aber wir finden uns in einer Arbeitssituation und einer Karriere wieder, deren

Möglichkeit wir zuvor gar nicht gesehen hatten. Wenn wir unsere Drogensucht aufgeben, stehen wir mit Sicherheit vor dem Morast der unterweltlichen Gefühle, die wir damit geschützt haben, aber das Durchleben dieser schwierigen Emotionen könnte auch dazu führen, dass wir in uns selbst eine große Tiefe und eine Qualität der Freiheit erfahren, die uns zuvor unbekannt war. Wenn wir unsere neurotische Psyche aufgeben – und was das betrifft, haben wir *tatsächlich* eine Wahl –, dann wissen wir vielleicht nicht, wer wir sind, und fühlen uns äußerst verwundbar und ungeschützt, doch es kann ebenso gut sein, dass wir Fülle, Gesundheit und Harmonie in unserem Leben finden. Und wenn wir aufhören, gegen Gott und die WAHRHEIT zu kämpfen, dann können wir unzweifelhaft die Kontrolle über unser Leben verlieren (denn das ist es, wovor wir so große Angst haben), aber dadurch riskieren wir auch, in ein Leben der WAHRHEIT einzuwilligen, was auch immer seine Konsequenzen sein mögen.

Doch auch wenn wir unser Festhalten an der Sicherheit aufs Spiel setzen müssen, sollten wir nicht das Sufi-Sprichwort ignorieren: „Vertraue auf Gott, aber binde zuvor deine Kamele an." Das Versagen der Sicherheit als Ausrede für dumme und unnötige Risiken zu benutzen ist auch nicht mehr als eine psycho-spirituelle Entschuldigung für unseren Mangel an Verantwortlichkeit. Möglicherweise müssen wir manchmal aber auch allein um der Erfahrung des Riskierens selbst willen das Risiko eingehen, einen dummen Fehler zu machen.

Wir wenden uns auch deshalb der Sicherheit zu, weil sie die Freiheit von Verlangen und Mangel repräsentiert. Die Tage unseres Lebens bestehen aus unerfüllten Wünschen. Wir wollen ständig etwas, sei das nun Eiskrem, mehr Liebe in unserer Ehe, schönere Haare, ein besseres Leben, ein anderes Leben oder eine Tasse Kaffee. Wenn wir endlich etwas haben, das sicher ist, dann sind wir vorübergehend davon befreit, es haben zu wollen. Endlich haben wir den ersehnten Mann oder die ersehnte Frau „erobert", uns die Arbeitsstelle, die wir haben wollten, gesichert, die zwanzig Pfund abgenommen, die wir schon unser halbes Erwachsenenleben lang abnehmen wollten. Leider ist es so, dass wir bei genauerer Betrachtung erkennen, dass selbst dann, wenn wir uns etwas geschaffen haben, das relativ sicher ist (natürlich könnten wir den Mann oder den Job jederzeit wieder verlieren und auch die zwanzig Pfund wieder zunehmen), diese Leistung nur den Weg für die nächsten Wünsche frei macht. Wir haben einen guten Job, aber jetzt wollen wir dafür mehr Geld, oder wir wollen nicht in einem so ungesunden Klima arbeiten. Wir haben den Mann (oder die Frau), nach dem wir uns so heiß gesehnt haben, aber plötzlich entdecken wir an ihm viele Aspekte, nach denen wir uns nun ganz und gar nicht sehnen. Wir halten unser neues Gewicht, aber nun ärgert uns plötzlich der Knick in unserer Nase, oder dieser dünne Körper wird nach zehn Jahren schlaff und faltig.

Die vermeintliche Sicherheit, die uns die Erfüllung unserer Wünsche vermittelt, scheitert daran, dass Wünsche die Angewohnheit haben, sich selbsttätig zu vermehren. Wir sollten unsere Wünsche nicht ersticken, denn sie sind Kräfte mit enorm großer Macht und Kreativität, aber wir sollten aufhören, sie als eine Quelle der Sicherheit zu betrachten, da sie in dieser Hinsicht ganz bestimmt ins Wanken geraten, und uns statt dessen dem zuwenden, was übrigbleibt, wenn unsere Beziehung sowohl zur Sicherheit als auch zum Wünschen versagt.

***

Wir fürchten uns vor dem Unbekannten und wenden uns deshalb der Sicherheit zu. Aus diesem Unbekannten – welche Bezeichnung wir ihm auch immer geben wollen – sind wir einmal hervorgegangen, und es ist unsere unabänderliche Bestimmung. Wir jedoch haben Angst davor, weil es von seiner Definition her genau das ist! Wir wissen nicht, was das Unbekannte bringen wird. Für uns Menschen ist das eine schwierige Zwangslage. Letztlich ist unser gesamtes Leben unsicher, und doch ist diese Tatsache dermaßen beunruhigend und zermürbend, dass wir alles tun, was in unserer Macht steht, um in dieser Arena des Lebens Schachteln und Segmente zu bauen, die ein gewisses Maß an Verlässlichkeit und Schutz bieten. Wenn wir die Sicherheit dem Unbekannten vorziehen, liegt das Problem darin, dass die Sicherheit uns einengt. Wir können in diesen Schachteln oder Mauern, die wir bauen, zwar tatsächlich so etwas wie Sicherheit finden, doch unsere Erfahrung ist dann innerhalb dieser Grenzen gefangen.

Ein Beispiel für diese Schachteln, die wir bauen, ist eine Diskussion, die ich vor kurzem mit einer Therapeutin und Arbeitskollegin über die Begrenzungen bestimmter psychologischer Arbeitsmethoden geführt habe. Sie wurde sofort empfindlich und defensiv und ließ sich über die Heiligkeit des individuellen Heilungsprozesses und den spirituellen Wert psychologischer Arbeit aus. Sie war gekränkt, weil ich, eine Kollegin vom Fach, es gewagt hatte, auf die Begrenzungen unserer gemeinsamen Arbeit hinzuweisen. Das, was sie gesagt hatte, war zwar nicht grundlegend falsch, aber diese Schachtel der Sicherheit, die sie sich gebaut hatte – in diesem Fall trug sie die Aufschrift „psychologische Arbeit ist Heilung und stets wertvoll" –, war für sie derart wichtig, um Sicherheit in ihrer Arbeit zu finden, dass sie sie um jeden Preis schützen musste, auch um den Preis einer aufgeschlossenen Betrachtung der Grenzen ihres Berufs.

Wenn wir uns dem Unbekannten öffnen, riskieren wir die Entdeckung, dass wir vielleicht Unrecht hatten, und vielleicht verlieren wir das Gesicht, entweder vor uns selbst oder vor denen, denen wir möglichst immer eine stolze Fassade gezeigt haben. Vielleicht erkennen wir, dass wir uns Jahre oder Jahrzehnte lang in eine Richtung bewegt haben, die nur in unserer Furcht oder in unseren irrigen Überzeugungen, vielleicht sogar in unseren Vorurteilen oder unserer begrenzten oder auf Zugeständnissen beruhenden Sichtweise begründet war. Womöglich sind wir peinlich berührt oder fühlen uns durch die Beschränktheit unseres Blickfeldes gedemütigt, wenn wir in das Gesicht dessen starren, was einmal unvorstellbar war. In unserer Beziehung zu anderen kann das Wagnis, ins Unbekannte zu gehen, zu Spannungen und sogar Ablehnung führen. So mancher Priester wurde bereits exkommuniziert, weil er die Angelegenheiten des Geistes in einer Sprache dargelegt hat, die der Kirche unbekannt ist, und so mancher hat zumindest vorübergehend schon einmal einen Freund, ein Familienmitglied oder eine Stelle verloren, weil er versucht hat, seine vorherigen Grenzen zu erweitern.

Auch wenn wir alle wissen und intuitiv erahnen, dass das Unbekannte Geheimnisse und Möglichkeiten birgt, die unserer jetzigen Erfahrung fremd sind und weit darüber hinausgehen, glauben wir unbewusst, dass es uns überwältigen, verzehren oder sogar umbringen könnte, wenn wir uns erlauben, es zu betreten. In gewissem Sinne tut es das auch, aber wir glauben, dass es den körperlichen Tod und nicht nur die Zerstörung all der Schachteln und Mauern bedeutet, die wir errichtet haben, um uns selbst zu schützen. Es ist wahr, dass das, was einmal sicher gewesen ist, nun unsicher werden kann, aber wir müssen uns natürlich die Frage stellen, wie sicher es (was immer „es" auch sein mag) überhaupt war und worauf diese Sicherheit beruhte.

***

Wenn wir erkennen, dass unser Leben trotz der relativen Sicherheit, die wir zu erschaffen versuchen, seinem Wesen nach unsicher ist, müssen wir entscheiden, was wir in dieser Hinsicht unternehmen wollen. Wir scheinen die folgenden Wahlmöglichkeiten zu haben: 1. Wir können die Tatsache leugnen, dass die Sicherheit versagt hat, und so tun, als liefe alles ganz wunderbar und würde es auch in Zukunft tun. 2. Wir können die Unsicherheit erdulden. 3. Wir können uns der Unsicherheit zuwenden und in ihr ausharren. 4. Wir können die Unsicherheit willkommen heißen.

Was die erste – und beliebte – Option angeht, die Tatsache der Unsicherheit zu leugnen, so können wir das gerne tun, solange wir dazu in der Lage sind. Wenn wir Glück (wir könnten auch sagen, Pech) haben, können wir unser einigermaßen glückliches Leben führen und unseren unvermeidlichen Tod in Verleugnung erleiden, nicht wissend, dass wir in unserem Leben einen Kompromiss eingegangen sind für etwas, das am Ende zu Staub zerfallen wird.

Die zweite Option besteht darin, die Unsicherheit zu erdulden. In diesem Fall haben wir unsere Augen geöffnet und erkennen, dass die Dinge nicht immer so sind, wie sie scheinen, oder zumindest wahrscheinlich nicht so bleiben werden, wie sie sind, und daher ertragen wir unsere Situation mit einem mulmigen Gefühl. Wenn wir unsere augenblickliche Situation doch einmal genießen, dann tun wir das in der ängstlichen Erwartung, dass sie sich von einem Augenblick auf den anderen ändern kann, und wenn wir unzufrieden sind, dann warten wir nervös darauf, ob sie sich bessert oder vielleicht sogar noch schlimmer wird. Meistens gehen wir mit Unsicherheit um, indem wir sie erdulden. Wir versuchen, uns nicht von unserer Besorgnis mitreißen zu lassen: „Was wird, wenn dies oder jenes passiert?" Manchmal treffen wir vorschnelle Entscheidungen, die vielleicht nicht richtig sind, um zu vermeiden, dass wir in einer unbekannten Option ausharren müssen, oder wir decken unsere Gefühle der Unsicherheit mit Geschäftigkeit, Arbeit oder einer anderen Form von Ablenkung zu. Unsicherheit kann sehr unbequem sein, und aus diesem Grund ist es verständlich, dass es uns ihr gegenüber an Toleranz mangelt.

Mit ein wenig Glück sind wir bereit, in der Unsicherheit auszuharren. Zuweilen zwingt ein Mangel an Sicherheit in einem wichtigen Bereich unseres Lebens uns auch dazu, dass wir lernen, in der Unsicherheit auszuharren. Irgendwann erschöpft die Sorge uns so sehr, dass wir gezwungen sind, in der gegenwärtigen Situation der Unsicherheit Zuflucht zu suchen. Vielleicht leidet unser Partner im Hinblick auf unsere Beziehung seit langem an Gefühlen der Zwiespältigkeit, und es bleibt uns keine andere Wahl, als ungeachtet der Unsicherheit in unserer wichtigsten Beziehung ein wenig Freude in uns selbst und unserem augenblicklichen Leben zu finden. Möglicherweise leiden wir an einer unheilbaren Krankheit und müssen unseren Frieden in dem Wissen finden, dass unser Leben uns jederzeit genommen werden kann (was übrigens immer gilt). Selbst wenn die Dinge einigermaßen gut laufen, gibt es in unserem Leben fast immer ein Element, das uns nicht zur Ruhe kommen lässt, wenn es uns nicht gelingt, trotz der Umstände Ruhe zu finden. Um in der Unsicherheit auszuharren, müssen wir uns innerlich zur wahrgenommenen Quelle unserer Unsicherheit *hin* ausrichten, damit wir nicht ständig versuchen, sie fortzustoßen, sondern ihr erlauben, ihren Platz unter all den anderen Elementen in unserem Leben einzunehmen.

Schließlich besteht noch die entfernte Möglichkeit, dass wir die Unsicherheit willkommen heißen. Wenn wir in der Unsicherheit ausharren, dann lassen wir zu, dass sie da ist. Wenn wir sie aber willkommen heißen, dann begrüßen wir sie als eingeladenen Gast, der etwas Wertvolles zu bieten hat. Die wenigen Menschen, die bereit sind, die Unsicherheit in ihrem Leben zu umarmen, sind diejenigen, die sich voll und ganz der Tatsache bewusst sind, dass das Leben, so wie wir es kennen, ohne den leisesten Zweifel essentiell unstabil ist. Sie wissen, dass der Weg, das Leben in seiner ganzen Fülle zu leben, darin besteht, sich gänzlich auf die Beziehung mit dem Mangel an Sicherheit einzulassen, den das Leben ihnen verspricht.

Ein wertvolles Geschenk dieses Mangels an Sicherheit ist die Tatsache, dass er uns für die Realität der Gesetze von Leben, Tod und Veränderung wach hält (oder uns zumindest von Zeit zu Zeit weckt!). Die Unsicherheit ist die weltliche Mahnung des Gesetzes der Veränderung: Alle Dinge sind vergänglich, und alle Dinge werden ihre Form verändern und sterben. Wenn wir uns einem erfüllten Leben verpflichtet haben und bereit sind, unbeirrt die dazu notwendigen Risiken einzugehen, dann dient das Versagen der Sicherheit als ständige und willkommene Mahnung an die Realität unseres eigenen Todes und somit auch an die Notwendigkeit und Dringlichkeit, unser Leben in der jetzigen Situation und im gegenwärtigen Augenblick zu leben. Da wir uns von dem, was zu bequem und zu sicher ist, nur allzu leicht in den Schlaf lullen lassen, erinnern die großen und kleinen Momente, in denen die Unsicherheit zu Besuch kommt, uns stets daran, dass wir uns, wenn es darum geht, uns bleibende Befriedigung zu verschaffen, in der Tat auf keinen Umstand, keine Situation, keine Vorstellung und auch kein geistiges Konstrukt verlassen können.

* * *

Das Geheimnis des Versagens herkömmlicher Sicherheit liegt darin, dass es das Potential besitzt, uns dazu zu bringen oder gar zu zwingen, in einer völlig anderen Domäne der Sicherheit zu verweilen. Es gibt viele Namen und Abstufungen für das, was wir als eine höhere Sicherheit bezeichnen könnten – Gott, das Wahre Selbst, das Universum, die Essenz. Doch ganz gleich, wie wir es auch immer nennen mögen, es gibt eine Sache, die sicher ist und uns nicht im Stich lassen wird, auch wenn wir sie weder erobern noch festhalten, ja noch nicht einmal sehen können, und genau DAS ist es, dessen wir uns bewusst werden und das wir zu unserer Quelle der Sicherheit machen müssen.

Ich will an dieser Stelle nicht versuchen, Gott oder die WAHRHEIT zu definieren, denn das würde den Leser sehr wahrscheinlich bloß verwirren oder einschränken. Die meisten Menschen ahnen jedoch intuitiv, dass es eine Kraft an der Quelle unserer Existenz gibt, und ich glaube, dass wir entscheiden können, einer Zuversicht zu vertrauen – oder sogar mit blindem Glauben in sie hineinzuspringen –, dass diese Quelle eine INTELLIGENZ besitzt, die uns zu ihr hinführt. Vertrauen haben bedeutet nicht, dass wir uns blind in riskante Situationen stürzen. Vertrauen haben bedeutet vielmehr, dass wir alles tun, was in unserer Macht steht, um uns auf diese Quelle auszurichten, und dass wir ein gewisses Maß an Zuflucht in dieser Kraft und in uns selbst als einem Aspekt dieser Kraft suchen.

Wenn wir dem Universum vertrauen, im Unbekannten ruhen und uns der vollkommenen Unsicherheit öffnen, wie sie sich auf einer weltlichen Ebene manifestiert, dann zeigen wir damit dem Universum, dass wir bereit sind, ihm zu erlauben, uns das zu geben, was es will. Wir setzen unsere Sicherheit auf das Unbekannte anstelle des Bekannten. Das ist natürlich erheblich leichter gesagt als getan, und vielleicht ist es sogar vollkommen unmöglich, dass wir es aus freien Stücken schaffen, aber zumindest können wir es aufrichtig versuchen.

Wenn wir der Sicherheit Gottes oder des UNIVERSUMS nicht vertrauen können oder wollen, so können wir uns zumindest darum bemühen, das Leben so zu akzeptieren, wie es ist. Dieses Thema werden wir im Verlauf des Buches noch näher erforschen. Da Unsicherheit das ist, was im Hinblick auf unser Leben real und wahr ist, nehmen wir das Leben so, wie es ist, weil wir das Leben erfahren wollen, wie es ist, und nicht, wie wir es erzwingen wollen. Unsere Sicherheit entspringt der Tatsache, dass wir leben und das Leben in diesem Augenblick genau das ist, was es ist – auf einer essentiellen Ebene weder sicher noch unsicher. Da die Sicherheit versagt hat, nehmen wir das, was angeboten wird, und finden darin unsere Zufriedenheit.

Kapitel 8

Das Versagen von Projektionen

Wir Menschen neigen dazu, unsere subjektive Realität auf alles und jeden zu projizieren, mit dem wir in einer Wechselbeziehung stehen. Das Prinzip der Projektion ist ein äußerst realer Prozess, der in unserem Alltag ständig aktiv ist. Wahrscheinlich ist er – für sich allein betrachtet – das wichtigste Konzept der Psychologie, und mit seiner Hilfe können wir auch verstehen, wie wir unbewusst unnötige Dramen und Probleme in unserem Leben erschaffen. In dem Maße, in dem wir allmählich lernen, unsere Projektionen loszulassen, haben wir auch Erfolg darin, eine Weltsicht zu offenbaren und zu festigen, die auf einer klaren Sicht der Realität beruht, wie sie ist.

Der Prozess der Projektion beginnt schon früh im Leben, wenn das Kind sich allmählich als von der Mutter getrennt wahrnimmt und lernen muss, seine Erfahrung irgendwie einzuordnen. Das Kind beobachtet alles und fängt an, ein Bündel von Eindrücken zu sammeln, die zu einer internen Definition darüber führen, „wie die Welt ist". Da selbst die besten Eltern an mehr oder minder stark ausgeprägten Neurosen leiden, nimmt das Kind gleichzeitig auch ein gewisses Maß an Verwirrung und Verzerrung im Hinblick darauf auf, wie die Realität ist, und seine Ansichten über das Leben bildet es auf der Grundlage dieses ungenauen Blickwinkels. Häufig ist die daraus resultierende Verwirrtheit dermaßen unerträglich, dass das Kind diese Gefühle unterdrückt und im Unbewussten vergräbt.

Um mit seiner verwirrten Situation fertig zu werden, *verinnerlicht* das Kind daher nicht nur diese subjektive Realität, um den Schmerz ihrer Verzerrung und Verwirrung zu überleben, sondern es projiziert das unbewusste Material gleichzeitig auf das Leben und auf alles, was sich darin befindet, und zwar auf dieselbe Weise, in der ein Projektor einen Film auf die Leinwand überträgt. Dann überlagert die innere Realität, die sowohl unterdrückt als auch unbewusst ist, die äußere Erfahrung des Kindes in dem Maße, dass sie vollkommen real erscheint – unentzifferbar und untrennbar von einer objektiveren Wahrnehmung der Realität. Das Kind wird erwachsen mit der Vorstellung, dass alles, was es sieht und wahrnimmt, real ist, auch wenn es in Wahrheit eine untrennbare Kombination von Realität und Irrealität ist.

Im Alltagsleben eines erwachsenen Menschen kommt dieser Prozess der Projektion häufig in der Form zum Ausdruck, dass verschiedene Szenarien oder Dramen auf der Bühne des Lebens aufgeführt und wiederholt werden. Wenn ein Kind vom Vater missbraucht wurde, während seine Mutter passiv blieb, dann betrachtet es als Erwachsener wahrscheinlich jede Neigung zu Zorn oder Unausgeglichenheit bei einem Mann als Hang zur Gewalttätigkeit. Wenn eine Mutter ihren Sohn mit ihrer übermäßigen und unangemessenen Liebe erstickt, die eigentlich dem Vater hätte zuteil werden sollen, dann wird er sich als Erwachsener beim ersten Anzeichen der Vergötterung von seiten einer Frau überwältigt, in Besitz genommen und deshalb in seiner Meinung bestärkt fühlen, dass „alle Frauen von Natur aus herrisch sind und dich bis aufs Blut aussaugen wollen" (oder in einem anderen Bild, das sich auf diese Dynamik anwenden lässt). Wenn unsere Eltern immer so sehr von ihren eigenen Problemen in Anspruch genommen waren, dass sie sich nie die Zeit genommen haben, uns zu verstehen, dann finden wir uns als Erwachsene wahrscheinlich in Situationen wieder, in denen wir trotz aller gegenteiligen Beweise glauben, dass niemand unsere Realität anerkennt oder sieht, wer wir wirklich sind. Bandbreite und Vielfalt von Projektionen sind unendlich groß, doch worauf es ankommt, ist, dass sie als integraler Bestandteil all unserer Erfahrungen existieren und mit Sicherheit darin versagen *werden*, uns die Befriedigung zu bringen, nach der wir uns sehnen, wenn wir nicht endlich lernen, zwischen Projektionen und Realität zu unterscheiden und zumindest einen Teil unseres Lebens außerhalb ihrer Herrschaft zu erfahren.

Eine andere Möglichkeit, uns dem Prozess der Projektion zu nähern, besteht darin, uns das Universum als einen offenen Raum vorzustellen, in dem wir eine Reihe von Pappschachteln in allen Größen bauen. Die Welt, wie wir sie kennen, ist von ihnen erfüllt. Wenn wir uns in einem neuen oder unvertrauten Raum wiederfinden, bauen wir schnell eine neue Schachtel zusammen oder schieben eine alte Schachtel in den neuen Raum. Diese Schachteln sind Konstrukte, mit deren Hilfe wir eine anderenfalls scheinbar rätselhafte und sogar chaotische Welt organisieren und verstehen. Sollten wir ohne diese Schachteln leben, würden wir vor einer Art ursprünglicher Gegenwart stehen, die wir zumindest zu Beginn sehr wahrscheinlich nur mit sehr großer Furcht ertragen könnten. Es ist durchaus vorstellbar, dass wir nicht einmal in der Lage wären, außerhalb dieser Schachteln geistig normal zu funktionieren, wenn uns ein gewisses Maß innerer Stabilität fehlt. Daher werden diese Schachteln zu inneren Strukturen, die bisweilen notwendig, von Natur aus aber auch begrenzend sind.

Wir halten unsere Projektionen aufrecht, lieben sie trotz ihres lange überholten Gebrauchs und trotz der verheerenden Wirkungen, die sie über Jahrzehnte auf unser Leben hatten, innig wie ein neugeborenes Kind, weil sie uns wieder einmal in einem sehr relativen Sinne „Sicherheit" bieten. Sie schützen uns in dem Maße, in dem sie den Umriss der Schachtel definieren, in der wir leben, und in dem sie verhindern, dass das ganze Ausmaß unserer Angst vor dem Unerwarteten und Unbekannten entfesselt wird. Das heißt, wenn wir sicher sind, dass das Leben uns auf diese oder jene Weise behandeln wird, dass „Männer immer… sind" und „Frauen immer… sind", dann definieren diese Projektionen die Grenzen dessen, was wir sehen und wahrnehmen, in solchem Maße, dass wir unsere Wahrnehmung sogar dann ganz schnell reorganisieren, um unsere Festung des projizierten Verständnisses zu verteidigen, wenn uns etwas außerhalb dieser Begrenzungen geschieht.

Um diesen Punkt zu veranschaulichen: Beinahe alle Menschen – auch die misstrauischsten und zynischsten – haben mystische Erfahrungen im Umkreis Gottes, der WAHRHEIT oder des Unbekannten erlebt, die nur einen kurzen Augenblick, aber auch bis zu einer Stunde oder länger andauern können. Da diese „Spitzen" jedoch so weit außerhalb unseres Verstehens liegen, stellen wir sie oftmals schon in Frage oder leugnen sie, noch bevor sie wieder verschwunden sind, und machen uns ganz schnell daran, sie wieder völlig zu vergessen. Zwar sehnen wir alle uns auf die eine oder andere Weise nach dem Mystischen, aber meistens sind wir nicht bereit, die Sicherheit unserer projizierten Realität zu verlassen, noch nicht einmal, um etwas zu umarmen, das uns mehr Erfüllung und größere Ganzheit verspricht.

***

Viele Dinge, angefangen bei unserem Unvermögen, uns freundlich mit der Kassiererin im Supermarkt zu unterhalten, bis hin zum Scheitern unserer Ehe, beruhen auf unserer Unfähigkeit, das Leben außerhalb unserer Projektionen zu erfahren. Wenn jemand sich darüber beklagt, ein anderer sei „in seinem Tun und Denken festgefahren", dann bringt er damit meist seinen Frust darüber zum Ausdruck, dass der betreffende Mensch nicht bereit ist, seine projizierte Weltsicht zu erweitern, um eine umfassendere Perspektive zuzulassen. Der verschlossene Mensch steckt im Land seiner Projekionen fest und hat sich von der Welt menschlicher Beziehung verabschiedet.

Bisweilen haben wir das Glück, dass wir einen Blick auf das Ausmaß unserer Projektionen erhaschen können. Bei einigen Menschen geschieht das, wenn eine Liebesbeziehung oder eine Ehe zum dritten oder zum sechzehnten Mal *aus denselben Gründen* gescheitert ist. Wenn wir zum Beispiel schon wiederholt entweder selbst eine kontrollsüchtige Frau verlassen haben oder von einer kontrollsüchtigen Frau verlassen wurden, haben wir drei Wahlmöglichkeiten in Bezug darauf, wie wir unsere Situation betrachten: 1. Jede Frau auf dieser Erde ist rechthaberisch und kontrollsüchtig. 2. Wir entscheiden uns deswegen immer wieder für eine kontrollsüchtige Frau, weil unsere frühen Schablonen uns gelehrt haben, dass Frauen nun einmal so sind (auch wenn wir es hassen). 3. Wir *machen* jede Frau kontrollsüchtig, mit der wir eine Beziehung eingehen. Wenn wir um der Menschheit willen davon ausgehen, dass die erste Option nicht wahr ist, dann leiden wir bei den beiden anderen Optionen aber an einem schlimmen Fall von „Projektionitis"! Damit will ich deutlich machen, dass uns, nachdem wir Monat für Jahr für Jahrzehnt immer in ein und demselben Hamsterrad herumgelaufen sind, vielleicht allmählich der Verdacht kommt, dass nicht das Leben etwas mit uns macht, sondern dass wir etwas mit dem Leben machen. Wenn die Situation schlimm oder frustrierend genug ist, ziehen wir vielleicht sogar in Betracht, einmal in uns selbst nach der Quelle des

Problems zu suchen und etwas zu unternehmen, um in unserem eigenen Leben etwas zu ändern.

Zunächst mag die Vorstellung, dass wir mit unseren Projektionen einen anderen Menschen tatsächlich *erschaffen*, schwer zu verdauen sein, doch es ist sowohl ein machtvolles als auch ein ermutigendes Konzept. Zu sagen, dass wir jemand anderen durch unsere Projektionen erschaffen, bedeutet, dass die Art und Weise, in der wir jemand anderen wahrnehmen, ausschließlich etwas mit uns selbst und mit dem zu tun hat, was wir bewusst und unbewusst in unserem eigenen Geist tun, und außerdem bedeutet es, dass wir bei sorgfältiger Aufmerksamkeit die Fähigkeit besitzen, anderen Menschen zu helfen, sich aus ihrem eigenen projizierten *Selbst*-Bild zu befreien, indem wir ihnen ein umfassenderes Bild dessen zeigen, was und wer sie sein können.

Jeder Mensch besitzt viele Dimensionen. Wir neigen jedoch dazu, nur bestimmte Aspekte von ihm wahrzunehmen, die davon abhängig sind, worauf wir unsere Aufmerksamkeit richten. Uns kommt unser Vorgesetzter machthungrig, manipulativ und regelrecht gemein vor, während unser Kollege ihn für unsicher und ängstlich hält und seine Frau einfach denkt, er sei verletzlich, verwirrt und ein guter Liebhaber! Wer hat Recht? Es geht nicht nur darum, dass er verschiedenen Menschen verschiedene Seiten von sich zeigt oder dass die Chemie in jeder Situation eine andere ist, sondern es geht auch darum, dass unsere Wahrnehmung etwas mit unserer Fähigkeit zu tun hat, den ganzen Menschen und die gesamte Situation klar und in der richtigen Perspektive zu sehen. Die Sache wird um so klarer, wenn unsere Projektionen sich ändern und der Mensch, den wir einst verabscheut haben – den wir *mit Bestimmtheit* als grausam, lästig oder oberflächlich verurteilt haben –, sich uns als ein warmer, fürsorglicher oder einfach nur ängstlicher Mensch offenbart. Der „andere" hat sich nicht verändert. Wir haben uns verändert.

Der andere Aspekt bei dieser Überlegung, dass wir andere Menschen erschaffen, hat etwas damit zu tun, wie wir einem anderen Menschen helfen können, eine größere Vision seiner selbst zu erschaffen. Wenn wir das tun, haben wir gelernt, aus unseren Projektionen wahrhaftig einen Erfolg zu machen. Das offenkundigste Beispiel können wir beobachten, wenn zwei Menschen sich verlieben. In diesem Augenblick betrachtet der Liebende seine neue Liebe oftmals als den GELIEBTEN selbst. Er projiziert die inneren Filme von Schönheit, Sinnlichkeit und sogar Gott auf das Objekt seiner Zuneigung, und siehe da, dieser Mensch wird zu genau diesen Dingen! Ganz plötzlich ist er strahlend, von Energie erfüllt, freundlich und offen, auch wenn er Wochen zuvor noch ein tobender Verrückter war. Wenn wir uns verlieben, sind wir uns der Dynamiken dieser anfänglichen Projektion natürlich oft gar nicht bewusst (wir nennen es die „romantische Phase" und denken nicht weiter darüber nach), und ebenso wenig ist uns bewusst, dass wir einen anderen Film eingelegt haben, wenn wir anfangen, Eigenschaften zu projizieren, die genauso hässlich und negativ sind, wie die anfänglichen Projektionen schön und positiv waren.

Stellen Sie sich vor, wie es wäre, wenn wir lernen würden, unsere Projektionen bewusst zu steuern; wenn wir, statt zu phantasieren und ein unrealistisches Bild – positiv oder negativ – auf jemand anderen zu übertragen, statt dessen zulassen könnten, dass wir auch andere Dimensionen dieses Menschen sehen, und wenn wir in unserer Wahrnehmung ausdehnungsfähig und flexibel genug wären, um auch verborgene Aspekte zutage treten zu lassen.

„Du erschaffst deine eigene Realität", ist ein beliebter Spruch des New Age, und in einer gewissen Hinsicht ist er auch zutreffend. Sie *werden* das sehen, was Sie glauben. Das Problem bei dieser Ideologie des New Age liegt darin, dass sie schell missbraucht wird, um die Realität zu manipulieren und zu kontrollieren. Wenn, wie sie andeutet, die gesamte Realität subjektiv und nicht neutral ist, warum sollten wir das Leben dann nicht ausschlachten, damit es uns alles Geld, alle Stärke und alle spirituelle Macht gibt, die wir bekommen können, ganz egal, über wie viele Leichen wir dafür gehen müssen? (Schließlich haben sie sich ihre eigene Realität, Trittstein oder Türmatte zu sein, ja auch erschaffen, oder etwa nicht?) Wenn wir uns einzig und allein auf die Vorstellung verlassen, dass wir unsere eigene subjektive Realität erschaffen, dann besteht unsere Aufgabe bloß darin, dass wir lernen, unsere jetzige Realität gegen eine neue und bessere Realität einzutauschen, die uns *mehr* und *besser* von dem gibt, was wir haben wollen. Vielleicht wäre es genauer, wenn wir sagen, dass die Realität die Realität erschafft, aber wir sind ganz gewiss dafür verantwortlich, wie wir die Realität wahrnehmen und wie wir auf sie eingehen, und indem wir eine bewusste Beziehung zu diesem Prozess aufbauen, können wir anderen dabei helfen, dasselbe zu tun.

***

Unsere Projektionen lassen uns im Stich, weil wir ständig die Gelegenheit verpassen, die Dinge so zu sehen, wie sie sind, obwohl wir genau dies im innersten Herzen wirklich wollen, trotz aller Wünsche, uns an der Sicherheit unseres Geistes festzuklammern. Unsere Projektionen sind die Käfige, die uns einmal geschützt haben, als es uns an der Fähigkeit und Unterstützung mangelte, die Dinge so zu sehen, wie sie sind. Nun aber sind sie zu den Gitterstäben geworden, die uns an der Freiheit hindern, zur erwachsenen Vision eines Lebens zu reifen, das nicht durch Eindrücke und Erfahrungen gefesselt ist, die vor so langer Zeit geschehen sind, dass wir sie schon völlig vergessen haben.

Die bekannte Jung'sche Psychologin Marion Woodman bezeichnete menschliches Reifen einmal als die Fähigkeit, Projektionen zurückzuziehen. Wir lernen, die Projektionen, die wir auf das Leben übertragen, zurückzunehmen, so dass wir das sehen können, was wirklich da ist. Um das tun zu können, müssen wir natürlich lernen, unsere Projektionen zu sehen, und dazu ist weit mehr erforderlich als eine (oder fünf oder zehn) verblüffende Einsichten in die Natur von Projektionen und in die Tatsache, dass wir an ihrer Erschaffung beteiligt sind. Statt dessen schließt es einen Prozess der rigorosen Selbstbeobachtung ein, der oftmals Jahrzehnte, wenn nicht sogar ein ganzes Leben lang andauert, während wir allmählich lernen, den Mechanismus der Projektion in uns zu zerlegen. Wir müssen nicht jede einzelne Projektion auseinander nehmen, wie es bei einer Reihe von Therapieformen versucht wird, sondern wir lernen statt dessen, die Dynamik der Projektion selbst zu verstehen. Wir erkennen, wo in unserem Inneren sie herrührt, was wir schützen wollten, und warum wir diesen Mechanismus nicht länger in Betrieb halten müssen. Das beobachten wir immer und immer wieder, und langsam finden wir in uns selbst den Mut, mit offenen Augen ein Leben zu sehen, das wir vorher nicht gesehen haben – mit seiner größeren Fülle und mit seiner größeren Trostlosigkeit. Außerdem finden wir auch den Mut, die Verletzlichkeit unserer Vision aufrechtzuerhalten, trotz der ständigen Forderung aus unserem Inneren, in den geschützten Hafen einer sicheren, aber projizierten Realität zurückzukehren.

In der Hindu-Tradition gibt es die Lehre von „*neti neti*" – „nicht dies, nicht dies." Durch dieses *sadhana*, diese spirituelle Übung, lernen wir im Laufe vieler Jahre, „was ist", indem wir sehen, was nicht ist. Etwas, dessen wir uns sicher waren, offenbart sich als Fata Morgana. Unsere Wahrnehmung von einem anderen Menschen, die uns lieb und teuer war, stellt sich in einem unerwarteten Moment als reine Erfindung unserer Phantasie heraus. Ein Zusammenstoß mit dem Tod (oder mit dem Leben!) erinnert uns daran, dass wir durch gefärbte und verschmutzte Linsen geschaut haben. Und durch diesen Prozess des allmählichen Rückgängigmachens blitzt das, was unter all dem verborgen liegt, langsam durch.

Der Abbau von Projektionen ist mehr als ein psychologischer Prozess, in dessen Verlauf wir die Konstrukte und ideologischen Schleifen auseinandernehmen, mit denen wir unser Leben belegt haben. Er kann vielmehr zu einem zutiefst spirituellen Prozess werden, durch den wir die fundamentalste Schicht der Konstrukte zerlegen, die unsere Vorstellung von dem bilden, was die Realität ist. Dadurch öffnen wir uns für die Möglichkeit wahrer Vision und für ein Leben, das bedingungslos real ist. Diese Vorstellung wollen wir im nächsten Kapitel noch näher erforschen, doch schon jetzt erhaschen wir einen flüchtigen Blick sowohl auf die Macht unserer Projektionen – ob wir uns ihrer Existenz nun bewusst sind oder nicht – als auch auf die Tiefe des Gewinns, der möglich ist, wenn wir ihr Scheitern zulassen.

Kapitel 9

Das Scheitern des Ego

Wenn wir die Talsohle des Scheiterns unserer Projektionen erreicht haben, werden wir in die Domäne des Ego katapultiert, das selbst der Gipfel der Projektion ist. Beim Scheitern des Ego geht es um den langsamen und stufenweisen Prozess menschlicher Reife und Transformation, der schließlich auf das unvermeidliche Scheitern hinausläuft – ob in diesem Leben oder in 100 000 Äonen. Das Scheitern ist nur die Niederlage des Ego und seiner Träume von *seiner* Errettung, wird aber trotzdem als Prozess eines mehr oder minder kontinuierlichen Verlustes erfahren, der bisweilen sogar die bestbewachten Winkel des Lebens durchdringt.

In Diskussionen über spirituelle Themen ist die schwer fassbare und unsichtbare Struktur des Ego zwar ein beliebtes Thema, wird meist aber kaum verstanden. Das Ego ist äußerst schwer zu verstehen. Wie können wir genau die Kraft objektiv sehen, die unsere subjektive Vorstellung definiert? Um das Ego *und* seine ihm innewohnenden Misserfolge und Erfolge zu erforschen, müssen wir daher auf Zehenspitzen zwischen den Synapsen unserer gewöhnlichen Subjektivität umhergehen und bereit sein, demütig die Tatsache anzuerkennen, dass es vieles gibt, das wir nicht sehen können und nicht sehen.

Das Ego ist ein Konstrukt, erschaffen von der Psychologie und definiert durch eine Reihe von ursprünglichen Reaktionen und Verteidigungsmechanismen, die im Säuglingsalter und in der frühen Kindheit festgelegt wurden. Es interpretiert die Realität gemäß seiner eigenen exklusiven Sichtweise, und es erschafft verschiedene Funktionsweisen, die diese Sichtweise um jeden Preis aufrechterhalten sollen. Um dieses schwierige Konzept zu verdeutlichen, könnte man sagen, dass die Masse des bereits existierenden Bewusstseins, die in der Form eines menschlichen Säuglings angeordnet ist, beginnt, mit dem Bewusstsein ihres Umfeldes zu interagieren und sich in Gruppen zusammenzufinden, die langsam eine menschliche Identität erschaffen. Nachdem diese Identität, die wir oft als „Ego" bezeichnen, erschaffen wurde, nimmt sie ein Eigenleben an, deren Funktion fortan darin besteht, ihr eigenes Überleben zu sichern. Das tut sie hauptsächlich, indem sie das menschliche Bewusstsein als ihr Eigentum in Besitz nimmt und das ganze Wesen (mit Ausnahme eines verschwindend kleinen Stücks, Gott sei Dank!) davon überzeugt, dass das Wesen und das Ego ein und dasselbe sind. Daher besteht eine der Hauptfunktionen des Ego darin, die Tatsache seiner Existenz zu verbergen, um sein Überleben zu sichern.

So nimmt der Mensch also eine Art von falscher Identität an, die wir als *Persönlichkeit* oder *Identität* bezeichnen. (Anmerkung: Diese Identität ist nicht völlig falsch, denn zum einen ist das Ego mit Elementen unseres wahren Wesens vermischt, und zum anderen ist auch das Ego selbst letzten Endes eine Schöpfung Gottes.) Die Identität, die wir annehmen, ist nicht nur eine Rolle unseres wahren Wesens und unserer Aufrichtigkeit, die sich selbst zum Ausdruck bringen will, sondern auch die Folge einer Reihe von Reaktionen auf Eindrücken, die wir in der Kindheit gewonnen haben, verbunden mit einer klugen Aneignung von Charakterzügen, die der Schlüssel für unser Überleben waren. Die daraus entstandene Identität oder Persönlichkeit wurde sofort an Ort und Stelle verankert, um auch angesichts unerwarteter, gefährlicher oder widernatürlicher Situationen unser eigenes Überleben zu sichern.

Es mag so scheinen, als könnten bestimmte Charakterzüge für uns Menschen unmöglich von Nutzen sein – denn welchen möglichen Wert könnte ein gewalttätiger oder mörderischer Zug haben? In fast allen Fällen dienen Gesinnung oder Verhalten jedoch dem praktischen Wert der Selbsterhaltung *im Namen des Ego* und nicht – im Gegensatz dazu – dem Leben. Von außen können wir natürlich erkennen, dass die meisten dieser Verhaltensweisen überkommen und sogar extrem selbstzerstörerisch sind (wenn man zum Beispiel den Rest seines Lebens im Gefängnis verbringt, weil man jemanden vergewaltigt hat, oder wenn man im Alltag ein kontrollsüchtiges Miststück ist), doch für das noch unreife und unbewusste Ego, das sich in der Kindheit gebildet hat, ist dieser Schutz noch notwendig, und daher ist das Ego bereit, diese Verteidigung um jeden Preis durchzusetzen.

Außerdem brauchen wir alle eine Identität, und zum Glück für uns Menschen ist das Ego in Annehmlichkeit und Behaglichkeit verliebt. Deshalb wird die Persönlichkeit oft sowohl mit Intelligenz – um die intellektuelle Struktur sicherzustellen, die für ihr materielles Überleben und das sich daraus ergebende körperliche Wohlbehagen erforderlich ist – als auch mit der Fähigkeit zu Verführung, Genuss und Macht erschaffen. Es gibt auch rätselhafte Elemente des Menschen, die sich scheinbar hauptsächlich oder ausschließlich zum Zweck des unmotivierten Vergnügens und der Liebe entwickelt haben (beispielsweise die Klitoris und das Herz?!). Und noch einmal: Da die Quelle, die dem Ego zugrunde liegt, die WAHRHEIT oder Gott selbst ist, können wir nicht leugnen, dass die Persönlichkeit oder Identität letztlich sowohl die Blockade als auch die Pforte zu ihrer eigenen Auflösung ist.

Es ist unsere Persönlichkeit, die uns durchs Leben bringt. Wenn wir das Glück hatten, eine mehr oder minder positive und interessante Persönlichkeit entwickeln zu können, ist unser Leben wahrscheinlich angenehmer, harmonischer und befriedigender. Wenn die Wunden der Kindheit zu groß oder unsere emotionalen Fähigkeiten zu beengt sind, entwickeln wir wahrscheinlich eine Persönlichkeit, die uns aus einer egozentrischen Perspektive betrachtet in einer zwar „sicheren", aber auch wechselhaften, beunruhigenden und entweder extrem faden oder extrem dramatischen Weise durchs Leben führen wird. Trotzdem ist es nicht mehr als eine Persönlichkeit – sehr real in und aus sich selbst heraus, aber auch von Natur aus leer, da sie im wesentlichen wenig mehr ist als ein unsichtbares und energetisches Konstrukt. Entgegen dem äußeren Anschein definiert der relative Erfolg unserer Persönlichkeit keineswegs unseren objektiven Wert – überlegen oder unterlegen –, denn sie ist ein neutrales Element, das einfach mit Wesenszügen ausgestattet ist, die der Geist des Wahrnehmenden als mehr oder weniger schön empfindet.

Wenn wir unsere selbstbezogene Identität mit ihren größeren oder kleineren Fähigkeiten benutzen, um zu definieren, wer wir unserer wahren Wesensnatur nach sind, haben wir versagt. Wir haben den Finger, der auf den Mond zeigt, mit dem Mond selbst verwechselt, und wir sind auf das Irreale statt auf das Reale fixiert.

***

Niemand kann den unbestreitbaren Erfolg leugnen, den das Ego sogar aus herkömmlicher Sicht hat. In der Hauptsache ist das Ego aus drei Gründen erfolgreich: Schutz, Organisation und Transformation.

Erstens hat das Ego uns in der Kindheit durch seine Funktion des Selbstschutzes wichtige Dienste geleistet. Da wir in einer emotional unausgeglichenen Kultur und oft auch in mehr oder weniger neurotischen Familien aufgewachsen sind, waren wir von Kräften umgeben, die einfach zu dunkel und zu verwirrend waren, als dass der reine, verletzliche Geist eines Kindes sie hätte integrieren können. Das Ego hat das falsche Verstehen als notwendigen Schutz vor einer Realität erschaffen, die uns sonst buchstäblich verrückt gemacht hätte.

Zweitens, von der menschlichen Neurose einmal abgesehen, hilft das Ego uns dabei, einen Sinn in den Dingen zu erkennen. Die Schachteln, die wir bauen, schränken uns zwar ein, wenn wir nicht erkennen können, dass sie gegenstandslos sind, aber sie helfen uns auch dabei, unsere Erfahrung einzuordnen und zu organisieren. Das Ego sorgt dafür, dass die Rechnungen pünktlich bezahlt werden, dass die Dissertation fertig gestellt und das Seminar organisiert wird und der Haushalt reibungslos läuft. Unser Ego ist für den allergrößten Teil unserer Aufgaben im Alltag verantwortlich.

Drittens ist ein starkes Ego ein machtvoller Aktivposten für die Transformation. Wenn das Ego schwach bleibt, bleiben wir wahrscheinlich im Leben stecken, ganz in Anspruch genommen davon, dass wir das Ego ständig unterstützen und dafür sorgen müssen, dass es überall zugleich ist, um körperliche und emotionale Bedürfnisse zu erfüllen. Ein gutes Beispiel dafür ist jemand, der dermaßen unsicher ist, dass er seine ganze Aufmerksamkeit ständig entweder der Suche nach Zeichen von Bestätigung oder Zurückweisung widmet oder aber dem Versuch, ein bestimmtes Aussehen oder eine bestimmte Redeweise zu haben oder die richtigen Worte zu finden, damit eine namenlose äußere Entität mit ihm einverstanden ist. Das schwache Ego ist viel zu sehr von den grundlegenden emotionalen Angelegenheiten seines eigenen Überlebens besessen, als dass es auch nur im geringsten daran interessiert wäre, sich mit etwas scheinbar so Unmöglichem wie der menschlichen Transformation zu befassen.

Das starke Ego hingegen besitzt ein gewisses Selbstvertrauen. Auch wenn übertriebenes Selbstvertrauen sein Schaden ist („Ich bin so großartig und spirituell und mächtig, ich muss nicht transformiert werden, und wenn wir schon mal dabei sind, Gott brauche ich auch nicht!"), kann auch das starke Ego in Form von menschlicher intellektueller und emotionaler Intelligenz an Stärke gewinnen – eine Intelligenz, die zu einem machtvollen Werkzeug der Hilfe werden kann, wenn es darum geht, das Konstrukt des Ego selbst zu durchdringen. Das starke Ego hat nicht nur gelernt, auf den grundlegenden Ebenen der Existenz (Nahrung, Obdach, berufliche Laufbahn) zu überleben, sondern es hat im Hinblick auf menschliches Verständnis, Beziehungen, bewusstes und positives Handeln und sogar Mitgefühl oft ein gewisses Maß an Reife entwickelt. Deshalb kann es seine Aufmerksamkeit freier dem notwendigen Luxus der spirituellen Tradition widmen und darin vielleicht „Erfolg haben". Der Prozess der Transformation *ist* eine Herausforderung für den Einzelnen. Paradoxerweise ist ein starkes Ego eine Kraft von unschätzbarem Wert, denn es hilft uns, die anstrengende Aufgabe zu ertragen, uns von der Identifizierung mit genau diesem Ego zu lösen.

***

Paradoxerweise und als Beispiel dafür, dass es zu jeder Regel eine Ausnahme gibt, ist es bisweilen aber auch die Schwäche in unserer egozentrischen Persönlichkeit, die uns schließlich zum Ziel führt, wie das folgende Beispiel eines Mannes zeigt, den ich kenne.

Jack – so wollen wir ihn nennen – war viele Jahre lang der persönliche Begleiter eines der beliebtesten spirituellen Meister unserer Zeit. Doch neben einer erschöpfenden Reihe spiritueller Disziplinen, zu denen er sich verpflichtet hatte, und dem enorm großen Privileg, alle Bedürfnisse seines Meisters in vierundzwanzigstündigen Schichten, die manchmal mehrere Tage andauerten, erfüllen zu dürfen, hatte der Mann einen kleinen Drogenhandel laufen. Seine Psyche war so stark gespalten, dass er schließlich nicht zum erleuchteten Nachfolger seines Meisters wurde, sondern für fünfzehn Jahre in einem Hochsicherheitsgefängnis landete.

Während er an der Seite seines Meisters weilte, wurden ihm persönliche Aufmerksamkeit, die individuelle Beaufsichtigung seiner

Übung sowie sintflutartige Ergüsse von Gnade in allen erdenklichen Formen zuteil, und so machte er unsichtbare Fortschritte auf dem spirituellen Weg. Im Gefängnis war er Messerstechereien, Drohungen, völliger Erschöpfung und geistigen Qualen ausgesetzt. Doch erst im Gefängnis zwangen ihn der Schock über die Folgen seines Tuns, der Horror über seine äußeren Umstände und die Sehnsucht nach seinem Meister dazu, sich in einer Weise auf die wahre spirituelle Übung einzulassen, die seinen Prozess der Transformation in der Tat maßgeblich und unleugbar veränderte. Nicht der persönliche Segen seines Meisters, sondern seine ganz persönliche Hölle brachte ihn schließlich dazu, sich völlig einem Prozess hinzugeben, der ihm das Erkennen und das lebendige Verständnis offenbarte, das er zuvor noch nicht einmal dann hatte finden können, als er im wahrsten Sinne des Wortes von den Armen seines Meisters umfangen war.

Wir glauben gerne, dass Schönheit, Freude und Ekstase uns mit Lichtgeschwindigkeit auf dem spirituellen Weg voranbringen werden, aber bei den meisten von uns ist es einzig und allein das Wissen um unser eigenes Leiden, das uns in einer maßgeblichen Weise bewegt. „Das Ego stirbt nicht durch Lachen und Liebkosungen; es muss in Kummer gejagt und in Tränen ertränkt werden", erinnert ein altes Sufi-Sprichwort. Freude und Ekstase zwingen uns gewöhnlich, wenn auch nicht immer, nach mehr Freude und Ekstase zu suchen. Das Leiden wird uns hingegen eher den notwendigen Anstoß für die risikoreiche Reise hin zum Verstehen der Quelle dieses Leidens geben – einem Verständnis, das der Schlüssel zu einer sinnvollen Transformation der Beziehung zu Freude und Leiden ist.

Manchmal sind wir erst dann bereit, eine offenkundige Realität im Hinblick auf uns selbst anzuerkennen oder nicht länger zu leugnen, wenn wir sehen, wie unsere eigene innere Hölle sich in ihrer ganzen Herrlichkeit in der äußeren Realität manifestiert. Mit dieser Realität müssen wir uns aber abfinden, wenn wir in unserem Leben wahren Erfolg finden wollen. In dieser verzerrten Weise scheitert das Ego nur in seiner eigenen Intention. Ein überwältigender Sieg wird übrigens aus der Perspektive der wahren Sehnsucht des Herzens erzielt.

***

Ungeachtet der Stärke oder Schwäche des Ego ist eine Sache ganz sicher: Hier ist es, und hier bleibt es auch! Die aus der Spiritualität des Ostens stammenden Vorstellungen, das Ego zu transzendieren oder zu töten, werden von spirituellen Anhängern im Westen nicht nur falsch interpretiert, sondern sind auch weit weniger auf ihre wirklichen Bedürfnisse anwendbar. Das westliche Ego ist dermaßen komplex, ultra-autonom und überentwickelt, dass es nicht sterben wird, und ohne höllischen Kampf wird es sich mit Sicherheit auch nicht geschlagen geben. Die Macht und Grandiosität des westlichen Ego erkennt man an jeder größeren Stadt der westlichen Welt und an dem Einfluss, den der Westen in jedem Land auf diesem Planeten hat. Das westliche Ego sieht von innen so aus wie Las Vegas von außen. Die Wahrscheinlichkeit, dass das Ego sein Schwert sinken lässt, ist genauso groß wie die Wahrscheinlichkeit, dass die Casinos in Las Vegas die Hälfte ihrer Einnahmen wohltätigen Zwecken spenden.

Wenn Menschen im Westen – besonders übereifrige spirituelle Aspiranten, zu denen ich auch mich selbst zähle – in der Vorstellung vom Tod des Ego stecken bleiben, dann durchleben sie wahrscheinlich eine Phase spiritueller Grandiosität. Sie prahlen damit – entweder nach innen oder nach außen, abhängig vom Ausmaß der damit einhergehenden Vornehmheit im gegebenen Moment –, „nichts" oder „niemand" zu sein. Sie schreiben ihren Namen eine Zeit lang nur noch in Kleinbuchstaben (darauf bin ich auch reingefallen!) oder – noch schlimmer – bezeichnen sich selbst als „der Körper-Geist" oder „dieser Körper", wie es ein Mann bei einem Vortrag tat, an dem ich teilgenommen habe. Anmaßende Aussagen wie diese sind ein schweres Missverständnis, wenn es um die Größenordnung der Aufgabe geht, das Ego darum zu bitten, doch in der zweiten Reihe zu sitzen, ganz zu schweigen davon, dass es Harakiri begehen soll.

Wenn die authentische östliche Philosophie davon spricht, „das Ego zu töten", dann will sie damit lediglich darauf hinweisen, dass das Bestimmungsrecht des Ego über das wahre Selbst oder unsere Identifizierung mit dem Ego – unsere Überzeugung, *es* sei *wir* – sterben soll. Wir sollten nicht glauben, dass die großen Heiligen des Ostens sich ihrer immer noch existierenden Persönlichkeit nicht bewusst wären, wenn sie über den Tod des Ego sprechen. Sie sind mit dem Ausmaß ihrer eigenen Menschlichkeit, zu der auch ihre auf dem Ego beruhende Persönlichkeit gehört, zutiefst vertraut. Tatsächlich ist es genau diese Bewusstheit für das Fortbestehen des Ego und für dessen absoluten Widerstand gegen Unterwerfung, die den Heiligen oder Meister sowohl zutiefst mitfühlend als auch fähig werden lässt, anderen Menschen zu helfen, die Vorherrschaft des Ego in ihrem Leben zu verstehen. Wir im Westen werfen jedoch mit Begriffen wie „Tod des Ego" um uns, als gäbe es sie im Laden um die Ecke zu kaufen.

Da das Ego nirgendwo hingehen wird, ist unsere Aufgabe, mit ihm zu arbeiten, damit wir erfolgreich sein können, zweifacher Natur: 1. Wir müssen lernen, uns von der Identifikation mit dem Ego zu lösen. 2. Wir müssen uns mit ihm anfreunden. Im Prozess der Disidentifikation mit dem Ego wird das Ego nicht zum Herrn unseres Geistes, sondern zu seinem Sklaven. Das Ego wird zum Reisenden im Zug des menschlichen Bewusstseins, nicht zu seinem Lokführer. Eine Disidentifikation mit dem Ego findet dann statt, wenn wir durch einen glücklichen oder gnädigen Zufall oder durch gewissenhafte und absolut ehrliche Selbstbeobachtung über viele Jahre hinweg die Fähigkeit erlangen, uns weit genug von unserem Ego zu entfernen, um seine Wirkungsweise umfassend und objektiv sehen zu können. In diesen Momenten und in dem Ausmaß, in dem wir diese Augenblicke ausdehnen können, um längere Zeiträume der Handlung ohne das Diktat des Ego erleben zu können, erfahren wir einen Prozess der Disidentifikation mit dem Ego, in dem wir uns selbst als etwas anderes erkennen als die egobezogene Identität, die uns unser ganzes Leben lang bestimmt hat.

Bei der Disidentifikation verliert das Ego, doch es verliert nicht mehr als seine Herrschaft über unsere Handlungen. Wir hingegen gewinnen die Möglichkeit, vielleicht zum ersten Mal in unserem Leben wirklich spontan zu sein, trotz der Vorstellung, die wir von uns selbst als „freie" und „spontane" Menschen haben. Da die Disidentifikation mit dem Ego uns auf eine dynamische Weise für die Realität gegenwärtig macht, erfahren wir tatsächlich vielleicht zum ersten Mal ein wirkliches Gefühl, auch wenn wir immer dachten, wir seien die ganze Zeit von einzigartigen und wirklichen Gefühlen erfüllt.

Wir müssen jedoch demütig bedenken, dass die Disidentifikation für die Mehrheit von uns sterblichen Geschöpfen nur kurze

Momente andauert und eine vollständige und fortgesetzte Disidentifikation (die viele als „Erleuchtung" bezeichnen) etwas ist, das – wenn überhaupt – nur mit allergrößter Vorsicht und Demut in Anspruch genommen werden darf. Statt dessen werden wir Momente der Disidentifikation erfahren, in denen uns ein gewisses Maß an Klarsicht zur Verfügung steht, und diese Klarheit sollten wir nutzen, um Entscheidungen zu treffen, die unser Leben informieren und positiv beeinflussen, wenn wir uns wieder – und meist sehr schnell – innerhalb der einengenden Ketten der Identifikation mit dem Ego herumplagen.

Neben der Disidentifikation als einer angestrebten Möglichkeit besteht die zweite Aufgabe darin, dass wir lernen, mit dem Ego zu leben, uns sogar mit ihm anfreunden oder es umarmen. Ich habe einmal ein T-Shirt geschenkt bekommen, dessen Aufdruck deutlich machte, dass wir uns nicht mit dem Ego anfreunden. Er lautete: „Du brauchst keine Feinde, denn du hast dich selbst!" Wir müssen lernen, „unsere Feinde zu lieben wie uns selbst", denn unser wahrer Feind sind nur wir selbst, und wir bleiben unser eigener Feind, bis wir gelernt haben, ein Freund des Ego zu sein.

Obwohl wir gewöhnlich mit unserem Ego identifiziert werden – und zwar vollständig –, befinden wir uns auch in einem ständigen Kampf mit ihm. Die Seele bittet um Befreiung von den Fesseln der Persönlichkeit, während das Ego mit der Waffe in der Hand jeden Winkel der Psyche bewacht. Diese Schlacht tobt in uns (meist unbewusst), während wir danach streben, ein ganz normales und glückliches Leben zu führen, doch es wird keinen dauerhaften Frieden geben, bis wir uns selbst erkannt und uns so weit akzeptiert haben, dass wir das begrüßen, was wir als die Quelle unseres Niedergangs wahrnehmen.

Um uns mit dem Ego anzufreunden, müssen wir uns direkt jenen Aspekten unserer selbst zuwenden, die unsere größten Misserfolge sind – die am schlimmsten verwundeten, schwächsten und hässlichsten Aspekte unserer selbst –, sie innerlich in unsere Arme nehmen und wiegen, bis sie wieder heil sind. Vielleicht müssen wir sie sogar auf eine metaphorische Weise lieben, bis ihre Lebenskraft zurückkehrt. Rainer Maria Rilke schrieb: „Vielleicht sind alle Drachen unseres Lebens Prinzessinnen, die nur darauf warten, uns einmal schön und mutig zu sehen. Vielleicht ist alles Schreckliche im tiefsten Grunde das Hilflose, das von uns Hilfe will." Seine Worte zeigen mit großer Präzision den Prozess, der erforderlich ist, damit wir unsere Misserfolge zu unseren größten Aktivposten transformieren können.

Es ist nicht leicht, die Höhle des Drachen zu betreten und sich in seinem Feuer zu sonnen, denn so fühlt sich der Prozess, mit dem Ego Freundschaft zu schließen, wahrscheinlich zunächst einmal an! Zuerst müssen wir mit einem Mindestmaß an Bereitschaft, etwas von uns selbst zu sehen, das wir nie sehen wollten, auf uns selbst zugehen, und wir müssen von ganzem Herzen die Absicht haben, diesen Anblick so lange zu ertragen, wie wir dazu fähig sind, ohne uns voller Entsetzen abzuwenden oder nach einer inneren oder äußeren Zerstreuung zu suchen. Nur indem wir damit so lange fortfahren, wie es notwendig ist – Monate, Jahrzehnte, ganze Leben lang –, lassen wir allmählich mit größerer Gelassenheit zu, dass diese Aspekte unserer selbst gemeinsam mit unserem auf Egoismus beruhenden Selbstbild existieren.

Irgendwann nach der Koexistenz mit dem Ego beginnen die Anfänge der Akzeptanz, und daraus entwickelt sich schließlich Freundschaft. Sich mit dem Ego anzufreunden ist vergleichbar damit, dass Sie lernen, mit einem Zimmergenossen oder Geschwister zusammenzuleben, dem Sie ewigen Hass geschworen hatten, und ihn (oder sie) irgendwann sogar zu lieben. Zeit und geteilte Erfahrungen erschaffen zuerst Toleranz und dann Liebe, die sich, wenn wir Glück haben, sogar in Zuneigung verwandeln kann. Wenn wir Zeit damit verbringen, das Ego klar zu sehen, wenn wir lernen, mit unserer Sicht des Ego zu leben, und wenn wir schließlich lernen, das Ego sogar so weit zu akzeptieren, dass wir über unser eigenes Entsetzen lachen können, wird es uns endlich möglich sein, Freundschaft mit unserem inneren Feind zu schließen.

Der geheime Nutzen der Freundschaft mit dem Ego – wodurch ein weiterer Misserfolg des Ego in einen Erfolg verwandelt wird – liegt darin, dass wir dadurch mit allen Egos Freundschaft schließen. Was wir als unser eigenes, persönliches Ego betrachten, ist in Wirklichkeit DAS EGO – dasselbe Ego, das innerhalb und außerhalb aller lebenden Wesen existiert, angefangen beim Menschen bis hin zu Ländern, Kulturen und Staaten. Je nach dem Menschen oder der Kultur, in der es sich wiederfindet, nimmt DAS EGO zwar spezifische Charakterzüge an, doch es ist *exakt* derselbe Mechanismus und funktioniert in allen Dingen gleich. Der einzige Unterschied besteht im Geschmack oder in der Stimmung.

Wenn wir also mit unserem Ego Freundschaft schließen – was schlicht ein technischer und phantasievoller Ausdruck dafür ist, dass wir in uns selbst zu tiefem Frieden und tiefer Akzeptanz finden –, dann erstreckt sich dieser Prozess ganz automatisch auf den Rest der Menschheit. Wir widersetzen uns anderen nicht länger oder nehmen ihnen Charakterzüge übel, deren Ursprung mechanisch ist. Wir verstehen, wie Menschen funktionieren, und durch unser Ringen darum, die Vorherrschaft unseres Ego zu schwächen, verstehen wir auch, wie schwierig es für andere ist, sich im gegebenen Moment anders zu verhalten, von einer echten und bleibenden Veränderung ganz zu schweigen. Dadurch nehmen unsere Toleranz und Akzeptanz anderen gegenüber zu, und zwar in gleichem Maße wie unsere eigene Selbsttoleranz und Selbstakzeptanz.

***

Wenn wir die Größe des Ego allmählich erahnen, wird es notwendigerweise schwieriger, uns selbst zu vertrauen. Das Ego mag zwar unbestrittene Vorteile haben, aber wir lernen, dass es uns ständig anlügen kann und auch wird. Es liefert uns Informationen, die dazu gedacht sind, uns in ewiger „Verdunkelung" zu halten, und es tut alles, was in seiner Macht steht, um uns so weit wie nur möglich von Gott oder der WAHRHEIT fernzuhalten. So können wir, indem wir das Ego kennen lernen, auch lernen, uns selbst in einer Weise zu hinterfragen und zu misstrauen, wie wir es zuvor vielleicht nie getan haben. Wir sind misstrauisch gegenüber unseren eigenen Motiven und achten wachsam auf die unendlich vielen Kniffe, mit denen wir das Leben zu manipulieren versuchen, und zwar von dem Moment an, in dem wir morgens aufwachen, bis zu dem Moment, in dem wir abends einschlafen, und sogar in unseren Träumen.

Wenn das Ego auf diese Weise scheitert, eröffnet der scheinbar desillusionierende Prozess, in dem wir unsere Falschheit und Unzuverlässigkeit entdecken, uns die fortgesetzte Möglichkeit, eine tiefere Art von Vertrauen zu finden. Wir können uns selbst nicht vertrauen, aber wir können es uns auch nicht leisten, uns *nicht* zu vertrauen. Daher suchen wir voller Interesse und mit einer zielstrebigen Intention nach dem, was schließlich verlässlich und wahrhaft vertrauenswürdig ist. Einige Menschen bezeichnen dieses tiefere Vertrauen als „Intuition", doch möglicherweise ist selbst das, was wir für unsere Intuition halten, nur unser verkleidetes Ego. Gleichwohl erwächst aus unseren Bemühungen, wahrhaft vertrauenswürdig zu sein, in unserem Inneren eine zunehmende Fähigkeit zu Urteilsvermögen und Klarheit. Paradoxerweise entsteht eine Integrität des Seins dann, wenn uns bewusst ist, dass wir uns sehr wahrscheinlich ständig etwas vormachen. Wirklich! Allmählich rührt unsere Weisheit von unserem Wissen um unsere eigene Dummheit und nicht länger von dem vermeintlichen Gefühl her, etwas zu wissen. Infolgedessen lernen wir, Entscheidungen zu treffen und die Verantwortung dafür zu übernehmen, während wir zugleich in unseren Überzeugungen weniger selbstgerecht sind und größere Achtung vor der rätselhaften und unberechenbaren Natur des Lebens bekommen.

Da wir uns selbst nicht mehr vertrauen, sind wir gezwungen, Gott, dem UNIVERSUM oder der REALITÄT zu vertrauen. Wir vertrauen darauf, dass unsere gegenwärtige Erfahrung ist, was sie ist, und dass selbst dann, wenn unsere Erfahrung dessen, *was ist*, eine vorgetäuschte Information des Ego ist, sie *das* ist, *was ist*. Unser Ego hat uns im Stich gelassen, und trotzdem bleiben wir als wir selbst so zurück, wie unsere Situation im gegenwärtigen Moment ist. Dadurch gelangen wir zu einer ehrlicheren und demütigeren Beziehung zum Leben.

∗∗∗

Wenn das Ego die Kontrolle hat, glauben wir, dass wir von Gott getrennt sind. Dies ist die offensichtliche, große Tragödie des Ego. Hier stehen wir, Menschen, die essentiell untrennbar mit dem GANZEN verbunden sind, das wir Gott oder die WAHRHEIT nennen, und die gegen nichts Widerstand leisten oder kämpfen müssen, weil sogar der Tod in der Weise, wie wir ihn kennen, nicht existiert. Und doch verbringen wir unser ganzes Leben damit, uns aufgrund einer einzigen falschen Überzeugung von Dramen und Leiden aufzehren zu lassen. Aus diesem Blickwinkel betrachtet, scheint das Ego ein ziemlich gemeiner Scherz zu sein, den ein unfreundlicher

Gott der Menschheit gespielt hat. Und doch könnten wir ohne die Gegenwart des Ego gar nicht *wissen*, dass wir ein und dasselbe mit Gott oder der WAHRHEIT sind, denn etwas außerhalb Gottes oder der WAHRHEIT ist notwendig, um Es bezeugen zu können. Die jüdische Mythologie erzählt die Geschichte, dass Gott sich dermaßen langweilte, nachdem er die Erschaffung des Universums vollendet hatte, dass er Versteck spielen wollte, um zu erfahren, wie es war, sich selbst zu finden. Da er aber Gott war, fiel ihm kein Ort ein, der als Versteck schlau genug gewesen wäre. Er fragte alle Engel, doch keiner von ihnen konnte ein passendes Versteck präsentieren. Schließlich fragte er den Narren. Der machte den Vorschlag, er solle sich in den Menschen verstecken! Daher rührt das gegenwärtige menschliche Dilemma.

Grausam, freundlich oder neutral – die Tatsache, dass wir in einer Lüge versunken sind, aus der wir kaum herausschauen können, *ist* die Tatsache unseres Lebens, und daher stehen wir vor der Aufgabe, unser wahres Selbst aus dem Inneren eines Sumpfes falscher Visionen heraus zu finden. Und wenn wir einen hinreichend langen Blick auf das Rätselhafte erhascht haben, um die Tatsache zu würdigen, dass dem Universum eine Intelligenz innewohnt, die zu kennen sich lohnt, dann setzen wir dieses äußerst reale Spiel mit einem Gefühl großzügiger und humorvoller Ernsthaftigkeit fort, denn vor unserer Tür steht mit Sicherheit eine Aufgabe, die zu vollbringen wir früher oder später aufgefordert werden.

∗∗∗

Es gibt noch einen weiteren Blickwinkel, aus dem wir den Erfolg betrachten können, den das Scheitern des Ego darstellt, und zwar ein Konzept, das der westliche spirituelle Lehrer Lee Lozowick als *erleuchtete Dualität* bezeichnet. Gewöhnlich gilt der Gegensatz von „Erleuchtung" und „Dualität" als unvereinbar: Die Erleuchtung ist das Erkennen der Nicht-Dualität, und die Dualität ist der Ausdruck von Illusion. In der erleuchteten Dualität nehmen wir jedoch unsere Vision der Nicht-Dualität (sollten wir jemals das Glück haben, länger als einen Augenblick auf einmal in ihr ruhen zu können) und richten unsere Aufmerksamkeit wieder auf die Domäne der Dualität, statt in der Glückseligkeit der Einheit und des Einsseins zu verweilen. Schließlich findet unser Leben an diesem Ort statt, und zudem ist es die menschliche Arena, die ganz verzweifelt der Aufmerksamkeit und der Heilung bedarf. Dann versuchen wir, diese Dualität – das Reich der Gewöhnlichkeit, der Beziehungen und der Dinge – aus einer erleuchteten Perspektive heraus zu leben und mit der Klarheit objektiver, nicht-dualer Realität zu erfüllen. Wenn diese Begegnung geschieht, dann trennt unsere Erkenntnis uns nicht von unserer Menschlichkeit, sondern eröffnet uns im Gegenteil weit größere Chancen, unsere „Erleuchtung" zu erlangen.

Schließlich besitzt das Ego das Potential, zu einem Werkzeug Gottes oder der WAHRHEIT zu werden. Das ist ein *großer Plan*, aber auch eine sehr reale Möglichkeit. Das Ego bleibt uns während all unserer Lebenszeiten erhalten, und es ist sowohl unser Wille als auch notwendig, dass es das tut, denn letztlich dient es nicht nur unserem eigenen Transformationsprozess, sondern kann zu einem äußerst effektiven Medium werden, um anderen zu dienen, nachdem sein eigener essentieller Transformationsprozess der Disidentifikation stattgefunden hat. Wenn der Einzelne sein Ego in den Dienst Gottes oder der WAHRHEIT stellt, dann wird genau dieses Ego zu einem nützlichen Werkzeug für diesen Gott oder diese WAHRHEIT. In Einklang mit unserem eigenen Bewusstsein – und als solches manifest – benutzt Gott unsere Schrullen, Neurosen, liebenswürdigen und hässlichen Charakterzüge – die uns nun vollständig bewusst sind – als Werkzeug, zum einen, um anderen dabei zu helfen, ihre eigene Identifikation mit dem Ego zu unterminieren, und zum anderen, um der Menschheit das Beispiel eines lebendigen Menschen zu geben, der frei von den Begrenzungen der Identifikation mit dem Ego funktioniert. Wir haben uns in solchem Maße mit dem Ego angefreundet, dass nicht das Ego uns besitzt, sondern umgekehrt. Durch das Medium unserer Persönlichkeit benutzen wir unser Ego als ein konstruktives Mittel, um unserem eigenen Menschsein näher zu kommen und um dem Menschsein anderer zu dienen.

***

Versagen ist eine der einfachsten Methoden,
um das Ego auszulöschen.
– Anonym

Kapitel 10

Das Versagen von Sinn und Bedeutung

Als Menschen befinden wir uns in einer seltsamen und prekären Situation. Während wir unser Leben mit interessanten und uninteressanten Aktivitäten ausfüllen und uns versichern, dass alles in Ordnung ist, wissen wir gleichzeitig nicht mit Sicherheit, was vor sich geht, warum wir hier sind, woher wir gekommen sind und wohin wir gehen. Philosophien und Religionen tun ihr Möglichstes, um die Zwangslage, in der wir stecken, zu erklären, und wir tun unser Bestes, um Glauben und Trost in ihren Lehren zu finden, doch trotzdem bleibt die Tatsache bestehen, dass es weit mehr Dinge gibt, die wir nicht wissen, als Dinge, die wir wissen. Wir stehen vor einem existentiellen Dilemma: Wir existieren, und doch sind wir nicht sicher, aus welchem Grund wir existieren oder was wir mit und hinsichtlich dieser Tatsache anfangen sollen.

Der Wunsch, einen Sinn im Leben zu finden, rührt von dieser Unsicherheit her. Weil es unerträglich ist, die Tatsache überhaupt in Betracht zu ziehen, dass wir einfach nur existieren, weil es so ist, und dass wir vielleicht nie wissen werden, ob es einen höchsten Sinn gibt oder nicht, denken viele Menschen nicht ein einziges Mal in ihrem Leben über diese Fragen nach, obwohl es genau diese Überlegung ist, die paradoxerweise vielleicht einen wirklichen Sinn in ihr Leben bringen könnte. Statt dessen drängen wir die furchteinflößende Verletzlichkeit dieser Situation so weit in unser Unbewusstes zurück, wie es nur eben geht, und mobilisieren alle unsere Kräfte für die Aufgabe, einen Sinn im Leben zu finden. Wir Menschen sind „sinnschaffende" Maschinen. Das ist es, was wir Menschen tun. Als lebende Organismen, die es in allen Formen, Größen und Farben gibt, vollständig ausgestattet mit höchst komplexen geistig-emotionalen Vorrichtungen, laufen wir herum und denken uns eine mögliche Bedeutung aus. Diese Bedeutung übertragen wir dann auf die vielen unterschiedlichen Situationen, denen wir begegnen, und wir glauben an diese Bedeutung, als sei sie so wahr wie die Existenz der Sache selbst.

Die Menschen sind besessen von ihrer Suche nach einem Sinn, weil sie die größte Angst davor haben, dass es vielleicht *keinen* Sinn gibt. Was wäre, wenn anstelle des Satzes „Ich denke, also bin ich", den Descartes geprägt hat, der Satz des Zen-Meisters „Ich denke, also NICHTS" der Realität näher käme? Oder was wäre, wenn das „also" in der Gleichung gar nicht vorkäme? Wir glauben, wenn es keinen Sinn gäbe, dann würden wir sterben oder uns zumindest umbringen wollen.

Der Sinnlosigkeit begegnete ich erstmals, als ich als junge Frau eine Liebesbeziehung zu einem äußerst intelligenten Philosophen hatte, dessen Religion die Sinnlosigkeit war. Als ich in einem Augenblick endlich begriff, was er mir die ganze Zeit hatte klar machen wollen, war ich am Boden zerstört. Alle Schrecknisse des Lebens, die wir im hintersten Winkel unseres Geistes verborgen halten, überfluteten meine alltägliche Realität. Plötzlich verstand ich die Typen, die mit Stachelfrisuren herumlaufen, ihren Körper verstümmeln und die inneren Ketten ihres Geistes an ihrem Körper zur Schau tragen. Oder auch die Menschen, die im Namen der Sinnlosigkeit die unsäglichsten Verbrechen begehen, oder jene, die von der Realität dermaßen überwältigt sind, dass sie verrückt werden und in Institutionen für Geisteskranke Asyl suchen. Der Einblick in die Sinnlosigkeit war so grässlich, dass ich mich nicht nur im wahrsten Sinne des Wortes lebendig in der Erde vergraben wollte, sondern dass ich auch glaubte, als Folge meines neuen Verständnisses niemals wieder Liebe und Anerkennung im Leben finden zu können. Und doch wusste ich selbst in diesen Momenten nur zu gut, dass es nichts an der Sinnlosigkeit ändern würde, wenn ich mich umbrachte (oder jemand anderen, wie extremere Menschen es tun). Gott sei Dank ließ es wieder nach!

Mein erster Einblick in die Sinnlosigkeit mag schwerwiegender gewesen sein als der vieler anderer Menschen, aber zugleich offenbart und erinnert er auch an die Tiefe der Dunkelheit und der Angst, die in uns allen existiert, ob wir uns dessen nun bewusst sind oder nicht. So können wir die Mittel und Wege, zu denen wir verständlicherweise greifen, um solchen Erfahrungen aus dem Weg zu gehen, besser verstehen.

Die meisten Menschen sind im Grunde dankbar, am Leben zu sein, und doch haben wir verständlicherweise Angst, dass wir das Potential unseres Lebendigseins vielleicht nicht erfüllen. Wir haben Angst, dass es ein großes Schiff gibt, das wir verpassen könnten, weil wir noch nicht einmal wissen, wo die Anlegestelle ist, oder dass wir, wenn wir es doch an Bord schaffen sollten, vielleicht gebeten werden, es zu steuern, obwohl wir kein Seemann sind, oder dass wir ertrinken könnten, wenn es kentert. Ängstlich, wie wir sind, stehen wir vor der Tatsache unseres Lebens und dem sicheren Bewusstsein, dass niemand es für uns in die Hand nehmen wird, auch wenn es denkbar ist, dass GÖTTLICHE HILFE unsere Existenz auf eine unsichtbare Weise unterstützt. Es ist keine leichte Situation.

Selbst Menschen, die nicht wissen, dass sie nach einem Sinn suchen, suchen nach einem Sinn; je weniger wir uns allerdings der Tatsache unserer Suche bewusst sind, um so unbewusster und unempfänglicher sind wir auch für ihren Ausgang. Normalerweise bringt dieser unbewusste Wunsch nach einem Sinn sich in unseren Sehnsüchten und Bedürfnissen und in all den netten und weniger netten Dingen zum Ausdruck, die wir tun, um das zu bekommen, was wir haben wollen. Wir könnten uns zum Beispiel vorstellen, dass wir im Erfolg einen Sinn finden werden, denn das würde beweisen (wem?), dass wir fähig, nützlich und wertvoll sind. Oder wir suchen im Wissen nach einem Sinn, denn die Überzeugung, dass wir etwas wissen, verleiht uns ein gewisses Gefühl der Macht. Möglicherweise suchen wir auch durch Sex nach einem Sinn, denn vielleicht haben wir hier etwas gekostet, das leise von Gott flüstert. Sogar durch Alkohol und Drogen suchen wir nach einem Sinn, denn zusätzlich zu ihren vielen abtötenden Wirkungen erzeugen sie in unserer Wahrnehmung eine Flexibilität, die dem Unbewussten suggeriert, dass die Dinge vielleicht nicht so stagnierend und sinnlos sind, wie es den Anschein hat. Menschen suchen überall nach einem Sinn: in Büchern, Besitztümern, Hobbys, Essen, Wissen, Reisen. Bei unserer leidenschaftlichen Suche nach einem Sinn könnte alles, was innerhalb der manifesten und nicht manifesten Welt existiert, das mögliche Geheimversteck dieses verborgenen Sinns sein, das sich ganz plötzlich und unerwartet offenbart, auch wenn wir vorher schon tausend Mal an eben dieser Stelle gesucht haben.

***

Der häufigste Ort, an dem wir Menschen nach einem Sinn suchen, ist die Liebe, denn von allen existierenden Möglichkeiten besitzt die Liebe das größte Potential dafür, dass es vielleicht tatsächlich einen Sinn gibt. Wir Menschen ahnen intuitiv die Möglichkeit einer sehr realen und objektiven Liebe, und nach dieser Erfahrung sehnen wir uns. Gleichzeitig spüren wir aber auch, dass eine solche Liebe schmerzlich, elementar und verwundbar sein kann und der Preis für ihre Erfüllung möglicherweise so hoch ist, dass wir ihn ohne erhebliche Mühen nicht aufbringen können. Als Folge davon geben wir uns statt dessen mit einer teilweisen oder einer halben Liebe zufrieden, die zwar ein preiswerterer Ersatz ist, leider aber auch nie die gewünschte Ware liefern wird.

Zuerst suchen wir durch unseren Partner und unsere Kinder nach Liebe. Weil diese Liebe aber eine so große Herausforderung ist, verwechseln und tauschen wir sehr schnell Liebe gegen Bedürfnis, Verletzlichkeit gegen Behaglichkeit, elementare Entblößung gegen Co-Abhängigkeit ein. Auch wenn die LIEBE immer existiert – unabhängig von der körperlichen Anwesenheit der Menschen, die wir lieben –, müssen wir uns ihr immer wieder neu öffnen. Wir können sie nicht besitzen, festnageln, gefangen nehmen oder mit einem Versicherungsplan kaufen. Auf Bedürfnis und Abhängigkeit können wir uns dagegen in den unsichtbaren Verträgen, die wir mit uns selbst schließen, schnell einigen. Diese Verträge gibt es in unendlich vielen Formen. Der Vertrag mit unserem Liebespartner lautet womöglich: „Ich gebe dir Komfort und finanzielle Unterstützung, wenn du mir die Bestätigung gibst, dass ich etwas Besonderes für dich bin." Oder: „Ich verlasse dich nicht, wenn du mich nicht verlässt." Der Vertrag mit unseren Kindern besagt vielleicht: „Ich kümmere mich um eure Überlebensbedürfnisse, wenn ihr so tut, als sei es für euch in Ordnung, dass ich mich nicht um eure emotionalen Bedürfnisse kümmern kann." Weniger neurotisch: „Ich liebe euch, weil eure Existenz mir das Gefühl gibt, dass ich gebraucht werde und in diesem Leben deshalb einen Wert habe." Wir wollen einen Sinn finden, und in unserer unbewussten Angst vor unserer Verletzlichkeit nehmen wir das, was wir bekommen können, und zwar so billig, wie wir es eben bekommen können, obwohl wir uns sehr oft mit wesentlich weniger zufrieden geben, als unserer Fähigkeit entspricht.

Wie wir im Kapitel über das Versagen der Liebe bereits gesehen haben, können teilweise Liebe und co-abhängige Liebe leider nicht das in uns befriedigen, was nach einem wahren Sinn sucht. Deshalb wenden wir uns entweder von den Menschen ab, die wir zu lieben meinten, weil sie uns nicht das gegeben haben, was sie uns unserer Meinung nach hätten geben sollen, oder wir wenden uns sogar vom möglichen Sinn in der Liebe selbst ab und reden uns ein, dass sie nicht mehr ist als das, was wir in einem Roman darüber gelesen haben.

***

Manchmal wollen wir einen Sinn finden, wo es gar keinen Sinn gibt. Manchmal sind wir auch nicht sicher, ob es einen Sinn gibt oder nicht, doch statt im Unbehagen dieser Ungewissheit auszuharren, denken wir uns einen Sinn aus. „Mein Mann hat mir schon seit drei Tagen nicht mehr gesagt, dass er mich liebt. Das muss bedeuten, dass er Zweifel an der Beziehung hat." Oder: „Ich habe gesehen, dass drei Tauben über mein Haus geflogen sind. Das bedeutet, dass jetzt eine günstige Zeit ist, um schwanger zu werden." Wir bestehen auf einem Sinn, den es geben kann oder auch nicht, oder der sich vielleicht nur noch nicht offenbart hat, und so lenken wir uns mit Hilfe der Phantasie – ob positiv oder negativ – von dieser Ungewissheit ab.

Abhängig von den Neigungen unserer Persönlichkeit kommen die Folgen einer übereilten Sinnschaffung oft entweder in paranoidem oder in magischem Denken zum Ausdruck. Wenn wir zur Paranoia neigen, denken wir womöglich: „Meine Noten in der Examensprüfung am College waren schlecht. Das muss bedeuten, dass ich im Grunde dumm und für eine höhere Bildung nicht geeignet bin." Wenn wir zu magischem Denken neigen, sagen wir vielleicht: „Meine Noten in der Examensprüfung am College waren schlecht, weil es meine wahre Bestimmung ist, Filmstar zu sein, und mit diesem Zeichen gibt das Universum mir zu verstehen, dass ich in diese Richtung gehen soll." Wir greifen nach Zeichen, um unsere selbsterfüllende Prophezeiung zu erfüllen, und wir erkennen nicht, dass unsere unbewussten geistigen Tendenzen uns dahingehend beeinflussen, dass wir einen möglichen Sinn einem anderen vorziehen.

Dieses Phänomen, übereilt einen Sinn finden zu müssen, findet auch dann statt, wenn wir etwas nur deshalb tun, weil wir es tun wollen oder weil wir uns gehen lassen. Statt jedoch bereit zu sein, auch die Verantwortung dafür zu übernehmen, denken wir uns einen besonderen Sinn aus. „Ich habe ein Verhältnis mit diesem verheirateten Mann, weil ich mit den unterschiedlichen Aspekten meiner inneren Männlichkeit in Berührung kommen muss." Oder auch: „Ich habe von kristallblauem Wasser geträumt, über dem Adler kreisen, und ich weiß, das ist ein Zeichen, dass ich zu einem Retreat nach Hawaii fahren sollte." Oder auf einer gröberen Ebene: „Ich schreie mein Kind an, damit es lernt, wer der Bos ist."

Ich sage es wirklich äußerst ungern, denn ich schließe mich selbst in diese Anklage ein, aber Psychologen und eifrige spirituelle Anhänger tragen am Phänomen der Sinnschaffung oft die größte Schuld. Weil sie mit Berufen identifiziert werden, die mit möglichem Sinn überladen sind, und weil ihr Einkommen oder ihr spirituelles Format in der Tat oft davon abhängen, setzen sie ihren klugen Verstand oder ihr spirituelles Feingefühl ein, um sich gekonnt höchst intelligente und plausible Bedeutungen für bestimmte Dinge auszudenken. In diesem Fall ist ihre Cleverness auch ihr Schaden, denn es ist unwahrscheinlich, dass sie sich selbst auf frischer Tat ertappen, und damit andere es wagen können, sie in Frage zu stellen, müssen sie ebenso erfindungsreich und klug sein wie diese raffinierten und allzu spirituellen Sinnhuber.

Wenn wir versuchen, einen Sinn zu erschaffen, wo es keinen gibt, werden wir scheitern, weil der Sinn, den wir erschaffen, falsch ist. Ein falscher Sinn ist weitaus schlimmer als gar kein Sinn, denn dann stecken wir im Land der Selbsttäuschung fest. Ohne es zu wissen, haben wir uns selbst belogen, und das auch noch unter dem phantasievollen Deckmantel der Selbstherrlichkeit. Zudem sind wir von unserem falschen Sinn irgendwann dermaßen überzeugt, dass wir für jede andere Bedeutung blind werden, die es in der gegebenen Situation möglicherweise gibt.

***

Eine große buddhistische Lehre, in der es um das Versagen des Sinns geht, handelt vom Verständnis der Leere. „Form ist Leere", heißt es in der Schrift. Wenn wir die Natur der Existenz einer sorgfältigen Prüfung unterziehen, finden wir an der Basis aller Dinge eine Eigenschaft von Raum und Nicht-Existenz. Wenn wir uns gewissenhaft darum bemühen, können wir tatsächlich erfahren, dass das Universum eine Schöpfung unseres Geistes, des Bewusstseins, ist, und dass es ebenso unwirklich wie wirklich ist. (Über seine Wirklichkeit und Fülle wollen wir bald sprechen, aber im Augenblick wollen wir beim Thema Leere bleiben.) Aus unserer Sicht der Leere sehen wir alle Dinge als neutral, im Grunde bar jeder tatsächlichen Substanz. Das kann durchaus einen machtvollen Einblick in den Verlauf des eigenen Lebens darstellen. Während die Sinnlosigkeit dazu neigt, ein Werturteil der Negativität mit sich herumzutragen, drückt die Leere einfach eine Realität aus, die auf die menschliche Erfahrung zutrifft.

Nachdem wir nun jedoch diesen tiefen Einblick bekommen haben, was fangen wir damit an? Am besten lassen wir zu, dass er vorübergeht – was sehr wahrscheinlich der Fall sein wird –, erinnern uns seiner als Fingerzeig und halten Ausschau nach den Folgen, die er möglicherweise in unserem Alltag hat. Wenn wir erkennen, dass wir unser Leben in praktischer Hinsicht anpassen müssen, dann benutzen wir unsere neue Sichtweise als Anreiz, um die notwendige Veränderung vorzunehmen (und damit ist etwas Vernünftiges gemeint, *nicht*, dass wir vom College abgehen und Mönch oder Nonne werden, weil wir uns für erleuchtet halten). Da Menschen aber immer einen Sinn finden müssen, sind sie oftmals unfähig, den Einblick in die Leere mit Leichtigkeit und Ausgeglichenheit zu ertragen.

Der Einblick in Leere und Sinnlosigkeit ist in meinen Augen eine der am häufigsten und schlimmsten missbrauchten Handelswaren auf dem spirituellen Markt. Viele beliebte spirituelle Wege vermitteln die Lehre von der Leere und sogar die begleitende Technologie, die es erlaubt, die Leere zu erfahren. Oftmals werden wir jedoch in diese Technologie eingeweiht, ehe wir eine angemessene innere Matrix oder Grundlage entwickelt haben, um sie zu verstehen. Aus diesem Grund beschlagnahmt das Ego mühelos unsere Erkenntnis, und wir denken: „Wenn dem Wesen nach alles leer ist, dann spielt es keine Rolle, was ich tue, weil alles dasselbe ist – also lasst uns eine Party feiern!" Oder wir sagen: „Jetzt habe ich erkannt, dass alles leer ist, also gibt es keine weitere Erkenntnis, nach der ich suchen muss. Was kann profunder sein als das Nichts?" Dadurch verzögern wir unsere spirituelle Entwicklung oder bringen sie sogar zum Stillstand. Natürlich ist es ganz normal, dass unser erster Einblick in die Leere uns mit Gedanken und Vorstellungen von unserem großen spirituellen Können und unserer Großartigkeit erfüllt (schon wieder ein Sinn!). Wenn es uns mit unserer spirituellen Weiterentwicklung aber ernst ist, müssen wir sie loslassen, um den nächsten Schritt auf dem Weg des Versagens zu gehen.

***

Es gab eine Zeit in meinem Leben, in der ich diese Vorstellung von Leere auf eine völlig neue Weise verstand. Natürlich hatte ich als Teenager einen ersten Einblick in die Sinnlosigkeit durchlebt, erfuhr Einblicke in die Leere, als ich mit unerlaubten Substanzen experimentierte, und machte die existentielle Entdeckung der Bedeutungslosigkeit mit meinem Philosophen-Freund. Jahre der Meditation hatten mir immer wieder bewiesen, dass es sie gab, ich hatte sogar Bücher geschrieben, in denen ich sie schilderte, aber trotzdem war ich nicht darauf vorbereitet, wie krass das Verstehen sein würde, dass mein Leben so, wie es genau jetzt ist (wann immer „genau jetzt" auch ist), alles ist, was ist.

Plötzlich wurde mein ganzes Leben nüchtern. Ich war nicht auf dem spirituellen Weg, um jemand zu *werden*. Meine täglichen Stunden der Übung dienten nicht dazu, etwas zu bekommen. Meine Arbeit als Schriftstellerin würde nicht zu etwas führen, das objektiv real oder bedeutend war. Mein Bemühen um zielgerichtete und bewusste Beziehungen mit anderen Menschen diente *keinem* bestimmten Zweck. Meine Versuche, anderen Menschen zu dienen, würden mir keine Belohnungen einbringen. „Deine Bemühungen werden sowohl in dieser als auch in der nächsten Welt unbeachtet bleiben", schreibt der Lehrer und Bewusstseinspionier E. J. Gold. Um ehrlich zu sein, ich war entsetzt, dass meine gegenwärtige Erfahrung – mit all ihrer Freude und Depression, ihren Mühen, ihrer Faulheit und ihren Erfolgen – alles sein sollte, was das Leben ausmachte. Natürlich würde ich mit der Zeit in eine erfülltere Menschlichkeit hineinwachsen, doch das wäre es dann auch, und meine

Erfahrung meiner selbst würde auch dann nur das sein, was sie dann war. Ich steckte mit mir selbst in dem Augenblick meines Lebens fest, in dem ich gerade war (und tue es immer noch), und ich konnte es kaum ertragen.

„Sei jetzt hier" ist eine heikle Sache. Ram Dass, Verfasser des gleichnamigen Buches, hat uns versprochen, dies sei die höchste Wahrheit und unbestreitbar. Doch Ram Dass wäre auch der erste, der zugeben würde, dass die meisten von uns jetzt nicht hier sind! Genau jetzt sind wir irgendwo anders – in einer Phantasievorstellung, in der Vergangenheit, in der Zukunft, verloren in einer Angst oder in einer fernen Emotion treibend. Wir sind nicht verloren, wenn wir fähig sind, in dieser Phantasievorstellung oder Angst wirklich bei uns zu sein und zu wissen, dass wir da sind, aber oft haben wir uns einfach selbst ins Exil geschickt. Natürlich gibt es verschiedene Merkmale und Abstufungen, wenn es darum geht, jetzt hier zu sein, weil wir ja nicht wirklich woanders sein können. Bis ich jedoch selbst einen tieferen Einblick in diese Wahrheit erlangte, war ich nicht bereit, mich meiner Erfahrung mit genügend Ehrlichkeit und Klarheit zu stellen, um zu erkennen, dass sie nicht dazu existierte, um zu etwas anderem zu werden oder sich zu etwas zu entwickeln, das angenehmer war. „Jetzt hier zu sein" sollte mühelos sein, und oft ist es das auch, aber paradoxerweise können wir nicht einfach davon ausgehen, dass wir das auch wirklich tun. Auf die Gefahr hin, uns zu sehr um das Mühelose zu bemühen, gewinnen wir durch den Versuch, unsere gegenwärtige Erfahrung mit mehr Bewusstheit und größerer Gegenwärtigkeit zu durchdringen.

Zudem entbehrt die Situation nicht eines gewissen Humors, auch wenn ich zu der Zeit, in der ich diesen krassen Einblick in die Leere erhielt, davon nicht überzeugt war. Hier sind wir, in einem zutiefst rätselhaften Universum, in dem wir aufgrund der Tatsache unseres eigenen Todes unbewusst beinahe ausflippen, in dem wir herumlaufen, unsichtbare Pappschachteln voller Vorstellungen, Anschauungen und Projektionen bauen und Dutzende gescheiterter Beziehungen eingehen, während wir die ganze Zeit über unsere Erfahrung mit einem tiefen Sinn und einer tiefen Bedeutsamkeit erfüllen… und uns selbst auch noch voll und ganz glauben! Wir finden uns in einer verzweifelten Situation wieder, die in ihrem Aspekt der

Sinnlosigkeit jedoch trotzdem recht spaßig ist. Es ist spaßig, dass wir darauf bestehen, uns selbst so ernst zu nehmen, dass wir einen Sinn finden müssen, um zu glauben, dass wir würdig sind, wenn wir doch in der einfachen Tatsache unserer Existenz bereits allen Selbstwert und alle Integrität besitzen, die wir brauchen. Nichts auf der Welt kann schwerer sein, als über unser eigenes Dilemma zu lachen – ganz besonders dann, wenn es die wichtige Bedeutung untergräbt, die wir uns selbst zumessen –, und doch ist es eines der bekanntesten Gegenmittel gegen Ernsthaftigkeit und die Abhängigkeit von einem Sinn.

***

Die Sache (oder vielleicht sogar der Sinn!) ist die, dass vielleicht nicht alles einen Sinn hat und einige Dinge einfach das sind, was sie sind. Die Rockband *liars, gods and beggars* singt in ihrem Stück „No Hidden Meanings": „Schau den Adler, er ist nur ein Vogel, schau die schwarze Katze, hast du nicht gehört, schau die Sterne, etwas anderes gibt es dort oben nicht...".[6]

Arnaud Desjardins, der verehrte spirituelle Lehrer aus Frankreich, spricht davon, „das zu akzeptieren, was ist, wie es ist, in diesem Augenblick". Wenn außen oder innen etwas geschieht – ein Umstand, eine Emotion, eine Beziehungsdynamik, ganz gleich, ob erwartet oder unerwartet –, dann beeilen wir uns nicht, es zu interpretieren oder zu analysieren, sondern erkennen einfach an: „Was ist, ist." Was immer genau jetzt geschieht, ist das, was geschieht, und auf diese Weise spielt es keine Rolle, ob es einen Sinn hat oder nicht. Tatsächlich kann die Suche nach einem Sinn, der da sein kann oder auch nicht, uns bereits von der Aufgabe ablenken, etwas einfach zu akzeptieren.

Wenn wir unser Bedürfnis loslassen, sogar dort einen Sinn finden zu müssen, wo es gar keinen gibt, sind wir in der Tat mit dem Leben konfrontiert, wie es ist. Manchmal ist das Leben so, „wie es ist", einfach großartig, und wir akzeptieren es gerne, doch sehr oft müs-

---

6 Anm. der Übersetzerin: *liars, gods and beggars* ist die Rockband von Lee Lozowick, dem spirituellen Meister und Lehrer von Mariana Caplan. Der Titel des Liedes „No hidden meaning" lautet übersetzt „kein verborgener Sinn", und die Textzeile lautet im Original: „See that eagle it's just a bird, see that black cat ain't you heard, see them stars there ain't nothing else above...".

sen wir ein Leben akzeptieren, das von vermeintlichen Misserfolgen und von Träumen erfüllt ist, die bereits zerstört sind oder darauf warten, zerstört zu werden. Wir müssen ein Leben akzeptieren, in dem es sowohl Gewinn als auch Verlust gibt.

Dieses Akzeptieren dessen, *was ist*, bietet uns tatsächlich die Möglichkeit, von neuem zu gewinnen. Man sagt: „Akzeptiere deine Begrenzungen, und es sind nicht länger die deinen." Die Tat des Akzeptierens macht es möglich, dass etwas Unerwartetes geschieht. Was? Nun, wenn wir zu viel darüber reden, was es ist, werden wir bloß versuchen, zu schwindeln und eine verfrühte Akzeptanz vorzutäuschen, und dann haben wir gar nichts akzeptiert. Deshalb ist es für uns alle am besten, wenn wir einfach nur an der Akzeptanz arbeiten!

***

Um zum Buddhismus zurückzukehren: Während die Erkenntnis „Form ist Leere" durch Hinterfragen als objektiv real bewiesen wird, wird der anderen Hälfte dieser Gleichung, nämlich „Leere ist Form", aus irgendeinem Grund nur selten eine angemessene Sendezeit zugestanden, obwohl sie in derselben Schrift steht. Wenn wir uns aus der Erkenntnis „Form ist Leere" heraus einmal umschauen, kommen wir gar nicht umhin, überall Formen wahrzunehmen! In gleichem Maße, in dem Leere alles ist, was da ist, ist auch Form alles, was da ist. Die Leere hat sich in Gestalt der Form manifestiert, und wenn wir darauf bestehen, die Leere über die Form zu stellen, bleiben wir in einer Halbwahrheit stecken.

Wenn wir uns erlauben, die Form zu erfahren, und sie für das Wunder ihrer Manifestation aus der Leere sogar um so mehr würdigen, stehen wir vor einer neuen Situation. Wir finden uns in einer potentiell neutralen oder sogar sinnleeren Welt wieder, die zugleich jedoch voller Leben und kreativer Möglichkeiten ist. An diesem Punkt sind wir am besten dazu gerüstet, einen Sinn zu erschaffen – *nachdem* wir bereit waren, die Sinnlosigkeit zu sehen und zu akzeptieren. Nun können wir entscheiden, ob wir entweder die Form bewusst mit Eigenschaften füllen wollen, die einem Sinn ähneln, oder ob wir vielleicht sogar das Risiko eingehen wollen, etwas anzuzapfen, das unterhalb und außerhalb von Leere und Sinnlosigkeit möglicherweise einen Sinn hat. Wenn es darum geht, welchen Dingen wir eine Bedeutung beimessen sollen, würde ich persönlich mich für LIEBE oder WAHRHEIT entscheiden.

„Nichts hat eine Bedeutung außer der Liebe", fährt das Lied fort. Wir alle haben von der Liebe gekostet und können sie sogar dann spüren, wenn sie abwesend ist, und die meisten von uns würden zustimmen, dass sie nicht nur die realste Erfahrung ist, die wir kennen, sondern auch die zufriedenstellendste. Sie ist das beliebteste Thema in allen Liedern und Gedichten, die jemals geschrieben wurden, sie ist das bevorzugte Thema der Mystiker aller Richtungen, und sie ist die Sache, nach der wir alle in jedem Augenblick unserer Erfahrung und in jedem Winkel unserer Welt suchen, auch wenn unsere Handlungen es zuweilen so scheinen lassen, als würden wir sie von uns fortstoßen. Die Liebe mag einen grundlegenden Sinn haben oder auch nicht, aber sie ist ein Geschenk an die Menschheit, eine wertvolle Möglichkeit, die der menschlichen Erfahrung zur Verfügung steht. Wenn wir daher wollen, dass die Dinge einen Sinn haben oder zumindest zufriedenstellend sein sollen, dann sollte es unser Ziel sein, sie mit Liebe zu erfüllen, denn selbst wenn unsere Liebe nicht real ist und wir nur Möchtegern-Liebende in der Ausbildung sind, ist die LIEBE selbst eine Kraft, die äußerst großzügig und unerklärlicherweise dazu bereit ist, unsere verwirrten Bemühungen anzunehmen und sie in etwas zu transformieren, das von sich selbst erfüllt ist.

Einen Sinn in der WAHRHEIT zu finden ist im wesentlichen dasselbe, wie ihn in der LIEBE zu finden, aber so, wie manche Leute Schokoladeneis lieber mögen als Vanilleeis, ziehen einige den Geschmack der WAHRHEIT dem der LIEBE vor. Auch hier gilt, dass wir nicht unberührt oder unverändert bleiben werden, wenn wir uns aufrichtig für die WAHRHEIT entscheiden, denn die bewusste Ausrichtung auf die WAHRHEIT hält unsere Bereitschaft aufrecht, dass alle Falschheit in unserem Leben offenbart werden soll. Sinnlose Bedeutungen werden von selbst fortfallen, wenn die Zeit reif dafür ist, die Inkonsequenz mystischen und paranoiden Denkens wird offenbar, und wir bleiben mit einer zunehmend reinen und vereinfachten, aber vollständigen Existenz zurück. Unsentimental, schmucklos und doch erfüllt, können wir hier unsere Befriedigung finden, ob das nun etwas bedeutet oder nicht!

Wenn wir einen Sinn erschaffen und gleichzeitig wissen, dass wir es tun, genießen wir die Vorteile beider Seiten. Unser Leben wird durch etwas motiviert und bewegt sich darauf zu (wie im Fall von LIEBE oder WAHRHEIT), und gleichzeitig sind wir von unseren eigenen Schöpfungen nicht zu sehr überzeugt und nehmen uns selbst nicht übermäßig ernst. Wir müssen einfach die Falle vermeiden, zu viel Sinn im Akt der bewussten Sinnschaffung zu finden!

***

Jenseits der Überlegung, ob es einen Sinn gibt oder nicht, bleibt die Sehnsucht nach einem Sinn. Was wäre aber, wenn wir entdecken würden, dass diese Sehnsucht tief in unserem Inneren selbst eine wertvolle Eigenschaft ist, vielleicht wertvoller und auf tiefere Weise zufriedenstellend als jeder Sinn, den es vermeintlich gibt? Vielleicht würden wir diese Eigenschaft Gott nennen, oder ganz einfach nur tiefe Menschlichkeit. Vielleicht ist es auch die LIEBE, von der wir weiter oben gesprochen haben. Wenn wir zulassen, dass unser Einblick in das Versagen des Sinns unsere Sehnsucht nach einem Sinn untergräbt, verlieren wir etwas sehr Wertvolles, denn vielleicht ist die Sehnsucht nach einem Sinn eine Fassade oder eine Maske für das, wonach wir uns wirklich sehnen. Daher kann es nur gut für uns sein, wenn wir ein wenig Sinn loslassen und der Sehnsucht zu bleiben erlauben.

Ungeachtet aller Dinge, die gesagt wurden, bleibt die Möglichkeit bestehen, dass es in allen Dingen einen tiefen und sehr realen Sinn gibt, den wir innerhalb der Begrenzungen unseres eigenen Ego nur nicht erkennen können. Mit dem Ego können wir eine Bedeutung begrifflich erfassen oder das erschaffen, was für das Ego sinnvoll ist und uns eine relative oder sogar große Zufriedenheit gibt, aber dabei sollten wir sorgfältig darauf achten, uns nicht anzumaßen, dass wir wüssten, was dieser Sinn ist. Das Leben *ist* ein Risiko. Wir können uns der Dinge nicht in der Art und Weise sicher sein, wie der Sinn es uns verspricht. Wir versuchen einfach nur, mit offenen Augen zu leben, unsere Entscheidungen nach bestem Wissen zu treffen, ihre Wirkungen und Folgen zu beobachten und zu sehen, ob wir etwas lernen können.

Kapitel 11

Das Versagen der Erleuchtung

(das zu sein, was wir uns darunter vorgestellt haben)

Da saß ich nun im Flugzeug nach Mexico City – ein achtzehnjähriges Hippiemädchen mit einem unstillbaren spirituellen Durst und nicht einem Funken Urteilsvermögen. Ich hielt mich für Carlitas Castaneda, und ich erinnere mich noch ganz genau, wie ich auf dem Weg zu meiner Ausbildung bei einem aztekischen Schamanen dachte: „Wenn ich eifrig dabeibleibe und wirklich hart studiere, dann bin ich wahrscheinlich in spätestens zwei Jahren erleuchtet." Ich hatte nicht die geringste Ahnung – Gott sei Dank –, denn sonst hätte ich den spirituellen Weg auf der Stelle wieder verlassen. Denn der mögliche „Erfolg", der im Versagen der Erleuchtung verborgen liegt, sollte sich mir erst viele Jahre später offenbaren.

Auf beinahe jedem ernsthaften spirituellen Weg kommt ein schmerzlicher Augenblick der Einsicht, in dem wir der Erkenntnis nicht länger aus dem Weg gehen können, dass wir in diesem Leben die wirkliche „Erleuchtung" sehr wahrscheinlich nicht erlangen werden, was auch immer wir uns unter dieser sogenannten Erleuchtung vorstellen. Wir müssen uns der Tatsache stellen, dass unser einzigartiges, besonderes, von Gott bevorzugtes Selbst in Wirklichkeit über gar keinen besonderen Vorteil verfügt, der rechtfertigen würde, dass wir für das vielbegehrte Sakrament der Erleuchtung den vielen anderen, vergleichbar begabten Aspiranten vorgezogen werden, die ihre gleichermaßen intensive Sehnsucht als ebenso einzigartig erfahren wie wir selbst.

Bei mir stellte sich dieser Augenblick der ungebetenen Erkenntnis ein, als ich in einem Ashram in Indien lebte. Ein Freund, der meine offenkundige Verzweiflung und meine spirituelle Desillusionierung angesichts der Schwierigkeiten, die ich mit den Anforderungen des spirituellen Lebens in diesem Umfeld hatte, sah, kam zu mir und sagte: „Du hast wirklich nicht gewusst, dass du nichts Besonderes bist, nicht wahr? Du wusstest nicht, dass deine Chancen nicht größer sind als die aller anderen auch. Dir war nicht klar, dass alle spirituellen Aspiranten um dich herum genau dasselbe dachten wie du – dass sie *der eine* sein würden, der es schafft." Ich errötete innerlich und versuchte, meine Verlegenheit hinter einer Bemerkung zu verbergen, die spirituelle Zuversicht vortäuschen sollte.

Diejenigen unter uns, die insgeheim glauben, dass sie diesen spirituellen Vorteil besitzen, sind vielleicht nicht bereit, es laut zuzugeben, vielleicht noch nicht einmal gegenüber sich selbst. Im oft unwillkommenen Augenblick der Erkenntnis, dass wir diese Erleuchtung vielleicht nicht besitzen werden, dass wir in Wahrheit vielleicht auch nur ein spiritueller Versager sein werden, entsteht jedoch gleichzeitig das unausweichliche Verständnis, dass wir tatsächlich gedacht haben, wir seien etwas ganz Besonderes, von Gott bevorzugt, weiter entwickelt. Es ist diese Erkenntnis, die uns einen wahren Wert und die Möglichkeit zu einer seltsamen Form des „Gewinnens" auf dem spirituellen Weg eröffnet.

Andrew Cohen, ein zeitgenössischer spiritueller Lehrer, ist der Auffassung, dass einer der Hauptgründe dafür, dass die Menschen glauben, sie wollten erleuchtet sein, nicht darin liegt, dass sie den essentiellen Wunsch nach Gott oder der WAHRHEIT verspüren, sondern darin, dass sie sich in ihrem Inneren zutiefst unzulänglich fühlen. Die Möglichkeit der Erleuchtung wird zu einem Synonym für die Chance, vielleicht endlich etwas Besonderes sein zu können – sogar etwas ganz Besonderes: Sie werden zu Gott selbst! Aus der Perspektive Gottes oder der WAHRHEIT aber ist kein Mensch etwas Besonderes, und wie alle wahrhaft großen Meister gesagt haben, wird man zu Dem Einen nur durch die Erkenntnis, dass man Niemand[7] ist. Man wird nur dann zu etwas Besonderem, wenn man von innen heraus weiß, dass man nichts Besonderes ist. Daher wird die Erleuchtung immer darin versagen, ihr vorgebliches Versprechen zu halten, uns die Freiheit von unserer gewöhnlichen und oft schmerzvollen Existenz zu bringen.

***

---

7 Anm. der Übersetzerin: Die Autorin spielt hier mit den Ausdrücken „The One" (Der Eine) und „No One" (wörtlich: kein einer = niemand).

Innerhalb der zeitgenössischen Kultur des New Age wird die Erleuchtung versagen, weil wir uns bei allem, was spirituelle Angelegenheiten betrifft, anmaßen, genau zu wissen, wovon wir reden, obwohl wir keine Ahnung haben, was Erleuchtung überhaupt ist. Zeitschriften schreiben ganz beiläufig über Gurus und erleuchtete Menschen, Leute berichten von ihrem „erleuchteten Freundeskreis", und höchst fragwürdige Lehrer reden von ihren Dutzenden erleuchteter Schüler. Die Art von Erleuchtung, über die hier gesprochen wird, bezieht sich gewöhnlich entweder auf eine psychologische Erkenntnis auf niedriger Ebene, auf eine dramatische Erfahrung mit weißem Licht und Diamanten oder auf einen Einzelnen, der mäßig einsichtsvoll ist in einer Welt, in der die Weisheit zunehmend vom Aussterben bedroht ist. Es gibt viele Perspektiven, die erwachter sind als das leblose Bewusstsein, das in der westlichen Welt so weit verbreitet ist, doch das ist in keiner Weise ein Synonym für Erleuchtung.

Daher scheitern wir nicht nur darin, erleuchtet zu sein, sondern der Begriff „Erleuchtung" selbst beginnt zu versagen, weil seine Bedeutung verzerrt wird und mit einem Makel behaftet ist. Eine Kultur, deren Fähigkeit verwässert ist, auf einer kollektiv verfeinerten Basis klar zu denken und Weisheit und authentische Menschlichkeit hervorzubringen, schwächt auch die Heiligkeit spiritueller Dinge, damit sie in ihr eigenes, beschränktes Verstandesvermögen hineinpassen. Das Endergebnis ist eine Art von Pseudo-Spiritualität und Pseudo-Erleuchtung, die den allgemeinen Fähigkeiten der Kultur entspricht, ihrer ursprünglichen, essentiellen Bedeutung jedoch beraubt ist.

Das größte Problem in Zusammenhang mit dem Versagen der Erleuchtung auf der Ebene zeitgenössischer spiritueller Kultur liegt darin, dass sie den ernsthaften, aber naiven spirituellen Aspiranten täuscht und verwirrt. Angezogen von einer vagen Vorstellung von „Erleuchtung", ist ein solcher Mensch oftmals einem großen Sumpf an falschen Informationen im Hinblick darauf ausgesetzt, was Erleuchtung ist und was nicht, und in diesem Sumpf falscher Spiritualität lässt man ihn herumwaten, bis durch einen glücklichen Zufall das, was tiefer liegt, offenbar wird.

***

Vielleicht liegt der Hauptgrund für das Versagen der Erleuchtung darin, dass sie nicht als eine konkrete, unveränderliche Sache existiert – etwas, das man erlangen, bewachen und steuern kann. „Erleuchtung ist das Wissen, dass alle Dinge vergänglich sind, auch die Erleuchtung", sagt Lee Lozowick. Erleuchtung lässt sich nicht festhalten, sondern weicht aus. Auch wenn es im Spektrum des spirituellen Lebens einen Punkt geben mag, an dem eine bestimmte deutliche Einsicht oder Erkenntnis stattfindet, die man als „Erleuchtung" bezeichnen könnte, kann dieser Augenblick weder ergriffen noch besessen werden, denn alle Schriften sagen, dass die Erleuchtung ohnehin stets gegenwärtig ist. Es ist unsere eigene vergängliche Erfahrung, die nicht in diesem Zustand zu verweilen vermag.

Die meisten Menschen, die von sich selbst behaupten, sie seien erleuchtet, fallen auf die Nase. Ihnen wird eine großartige Erkenntnis von Gott, vom Einssein aller Dinge oder von der Verbundenheit zwischen allen Phänomenen zuteil – eine Erkenntnis oder zumindest die Reste einer Erkenntnis, die eine gewisse Zeit andauern –, und sie gehen davon aus, dass das bedeutet, dass sie erleuchtet sind. Sie tragen ihre Erleuchtung wie ein Banner vor sich her, preisen sich als spirituellen Lehrer an und nehmen die Karriere in Angriff, „Der Eine" zu sein. Kürzlich traf ich einen solchen Mann und hörte ganz gefesselt zu, als er berichtete, wie schwierig es war, andere davon zu überzeugen, dass er erleuchtet war, damit er als spiritueller Lehrer arbeiten konnte. Er hatte gehört, wie ein Lehrer, der gerade sehr beliebt war, ganz öffentlich über seine Erleuchtung gesprochen hatte, und so hatte er beschlossen, diesem Beispiel zu folgen und den Leuten einfach zu erzählen, er sei erleuchtet und arbeite deshalb nun als Lehrer. Zu seiner großen Bestürzung ging die ablehnende Haltung gegenüber seiner Werbekampagne so weit, dass bestimmte Freunde es nicht länger ertragen konnten, in seiner Gegenwart zu sein. Statt ihre Reaktion jedoch zum Anlass zu nehmen, noch einmal über seine eigene Erleuchtung nachzudenken, interpretierte er sie ganz automatisch als ihren Widerstand, ihre eigenen Blockaden auf dem Weg zur Erleuchtung zu überwinden.

Vor kurzem sprach ich auf einer spirituellen Veranstaltung mit einem etwa fünfzigjährigen Mann – einem selbsterklärten Veteranen auf dem spirituellen Weg – darüber, wie anmaßend die Menschen gern sind, wenn es um ihre Erleuchtung geht. „Ich nicht", sagte er. „Ich denke oft, dass ich tatsächlich erleuchtet *bin*, aber ich behaupte immer, es *nicht* zu sein." Dieser Mann war ein ganz typischer Fall, ein absolutes Paradebeispiel.

Die Lehren der Nicht-Dualität erklären, dass wir auf einer bestimmten Ebene bereits alle erleuchtet sind: dass wir nirgendwo hingehen und nichts tun müssen, dass alles, was existiert, der gegenwärtige Augenblick ist, dass wir alle eins sind, dass es nur Gott gibt, und, und, und... Doch birgt diese Denkweise nicht ein gewisses Element von spirituellem Geschwafel? Die Tatsache, dass all das wahr ist, hat Mord, Kindesmissbrauch, alltägliche Manipulation, Machtmissbrauch und unnötiges Leid nie zu verhindern vermocht. Diese Vorstellungen allein haben in der Tat nur selten jemand zu einem besseren Menschen gemacht, von der lebendigen Verkörperung des Göttlichen ganz zu schweigen, und sie haben sicher die Rechtfertigung für mehr als nur einen spirituellen Skandal, Missbrauch oder messianische Dramen geliefert.

Spirituelle Binsenweisheiten mögen zwar schöne Vorstellungen sein, deren Studium mit Sicherheit dazu beiträgt, unseren Horizont auf das Mögliche zu erweitern und uns Inspiration zu geben, doch dem Wiederholen von hochtrabendem spirituellem *dharma* ist es noch nie gelungen, Erleuchtung zu einem Erfolg zu machen. Oftmals führen solche Binsenweisheiten zu einem noch größeren Versagen der Erleuchtung, weil wir schnell zu dem Glauben verführt werden, dass allein die Tatsache, dass wir den *dharma* artikulieren können, auch bedeutet, dass wir fliegen können. Viele Menschen bringen Jahrzehnte oder sogar ganze Leben damit zu, das Banner eingebildeter Erleuchtung vor sich herzutragen, während das Versagen ihrer tatsächlichen Erleuchtung sich in Wahrheit die ganze Zeit über weiter vertieft.

***

Die Erleuchtung wird auch deshalb versagen, weil sie nie für die breite Masse bestimmt war. Was als die „besonders wertvolle Perle" bezeichnet wird, gibt es nicht im Supermarkt oder bei einem Wochenend-Workshop zu kaufen. Was heilig und kostbar ist, ist zugleich auch selten und sehr teuer, und in diesem Fall besteht die

Währung in unglaublich großer Mühsal, Hingabe, Leidenschaftlichkeit und tiefer Aufopferung, die für die meisten Menschen gar nicht vorstellbar sind.

Im Glauben an ihre eigene Überlegenheit und daran, sogar die Spiritualität mit klingender Münze kaufen zu können, vertritt die Verbraucherkultur des Westens hartnäckig die Auffassung, dass Erleuchtung billig und leicht verfügbar sein sollte; ein Massenartikel, „made in Asia" von Yogis, die für ein geringes Gehalt arbeiten, weiterverkauft im Westen für ein nettes Sümmchen. Sowohl Asiaten als auch Menschen im Westen verkaufen „Erleuchtung", indem sie sich einen ausgefallenen Turban oder Sari anziehen, einen indischen Namen und einen leuchtenden Schein annehmen und für einen hohen Preis eine heilige Sprache reproduzieren und wiederholen. Heute kann man falsche Spiritualität in jedem Laden um die Ecke kaufen. Doch es war immer so und wird immer so sein, dass die wertvollsten Juwelen in den Minen der Seele vergraben bleiben und nur von denen entdeckt werden, die bereit sind, sich den möglichen Gefahren und Erdrutschen und der harten und nüchternen Arbeit echter spiritueller Transformation auszusetzen

***

Zu einer sinnvollen Frage wird: „Wie können wir das unvermeidliche Versagen unserer eigenen Erleuchtung akzeptieren, ohne in die Falle spiritueller Passivität zu geraten?"

Wie bereits erwähnt, gibt es Menschen, die sagen: „Wir sind doch schon alle erleuchtet. Welche Rolle spielt es denn da, was ich tue oder nicht?" Das ist ihre Ausrede, um in Exzessen unmoralischen und unbewussten Verhaltens zu schwelgen, das andere sehr oft verletzt. „Denn in der Nicht-Dualität", sagen sie, „gibt es weder richtig noch falsch." Dieser Ansatz geht davon aus, dass wir wirklich verstehen, was Erleuchtung ist, und dass alle unsere intellektuellen Erkenntnisse und sogar tatsächlichen Erfahrungen, die uns zuteil werden, bedeuten, dass wir wirklich und in einer stetigen Weise wissen, wovon wir sprechen.

Andererseits gibt es diejenigen, die sagen: „Da komme ich sowieso nie hin. Die Chancen stehen bei ungefähr eins zu zehn Millionen, also warum sollte ich mir überhaupt erst die Mühe machen?" Sie hatten eine oder sogar viele Visionen von enorm großen Möglichkeiten, aber sie haben auch einen Blick auf das erhascht, was von ihnen gefordert wird, um diese Visionen zu erfüllen. In ihrem Leben wird ein Element der Verzweiflung offenkundig, das sie nicht akzeptiert haben, ganz gleich, ob sie sich nun übermäßig gehen lassen oder ob ihr Leben diszipliniert und kontrolliert ist.

Eine weiter „entwickelte" Schule zeitgenössischen Denkens plädiert dafür, dass wir unsere Erleuchtung im Kontext unseres alltäglichen Lebens leben, und sie erklärt, dass diese sogenannte Erleuchtung in Wahrheit nichts anderes ist als das bewusst gelebte Leben selbst. Diese Sichtweise wird von vielen Menschen unterstützt, die im Laufe ihrer langjährigen Erfahrung erkannt haben, dass das spirituelle Leben einfach nicht das ist, wofür wir es hielten, und dass genau dieser ganze Prozess des „Suchens" anstelle des Anerkennens von dem, was bereits da ist, uns daran hindert, in der Erwachtheit des gegenwärtigen Augenblicks zu verweilen.

Diese Sichtweise ist zwar sehr funktionell, aber auch wieder mit der Versuchung beladen, das Versagen als Ausrede und nicht als Befähigung zu benutzen. „Die Erleuchtung findet man im gewöhnlichen Leben", sagen sie, doch indem sie das tun, befreien sie sich möglicherweise auch von der Forderung, diese Gewöhnlichkeit mit den Eigenschaften von Untadeligkeit, Mühe und „Erleuchtung" zu leben, durch die sie außergewöhnlich wird. Lee Lozowick sagt: „Wenn gewöhnliche Dinge außergewöhnlich und außergewöhnliche Dinge gewöhnlich werden, dann hat man einen Blick auf die Erleuchtung erhascht." Wenn daher die Gewöhnlichkeit zur Ausrede wird, um unsere Außergewöhnlichkeit zu verspielen, haben wir eine äußerst wertvolle spirituelle Chance für uns selbst vertan – selbst wenn es unter dem entwickelten Deckmantel spiritueller Reife geschieht.

Es ist leicht, der Verzweiflung anheim zu fallen, wenn wir erkennen, dass unser spirituelles Können nicht das ist, was wir uns darunter vorgestellt hatten. „Warum sollte ich mein ganzes Leben damit zubringen, mich um etwas zu bemühen, das ich höchstwahrscheinlich ohnehin nie entdecken werde, wenn ich statt dessen das Leben einfach in großem Stil genießen kann?" Das ist eine sehr gute Frage mit einer ganzen Reihe möglicher Antworten, von denen wir uns jedoch keiner einzigen jemals wirklich sicher sein können.

Die erste und vielleicht auch wichtigste Antwort auf diese Frage ist, dass es ein wahrhaft unendliches Spektrum spiritueller Entwicklung gibt, in dem die Erleuchtung nur ein einzelner Punkt ist. Wenn unser gesamtes Leben sich nur darum dreht, eine eingebildete Sache namens „Erleuchtung" zu bekommen, ist es ziemlich wahrscheinlich, dass wir in unserer Entwicklung innehalten, wenn wir diesen Punkt erreicht haben, und dadurch die Möglichkeit unvorstellbarer Höhen und Tiefen menschlichen Wachstums blockieren.

Zweitens ist der Weg, der vorgibt, zur vermeintlichen Erleuchtung zu führen, vielleicht selbst das Ziel und das Mittel. „Der Weg ist das Ziel", lehrt uns der tibetische Meister Chogyam Trungpa Rinpoche. Die Möglichkeit zu wahrer menschlicher Erfüllung mag im Kampf für etwas zu finden sein, das wir höchstwahrscheinlich ohnehin niemals erreichen werden. Wenn das der Fall ist, müssen die Anstrengungen, die wir unternehmen, in und aus sich selbst heraus unsere Belohnung sein. Wir müssen eine gewisse Zufriedenheit finden, sowohl in den Versuchen, die wir unternehmen, um zu einem Erfolg zu gelangen, als auch in der Unvermeidlichkeit unserer Niederlage. Wir alle wissen, dass wir als Menschen unvollkommen sind und immer wieder Fehler machen und unsere Unvollkommenheit zeigen werden, doch zugleich sind wir aufgerufen, nach etwas zu streben, dessen Scheitern uns vorherbestimmt ist. Vielleicht besteht die Aufgabe darin, uns mit unseren Gewinnen und Verlusten abzufinden, um auf diese Weise das Verständnis für unsere eigene Menschlichkeit zu vertiefen.

Außerdem ist es denkbar, dass die Opfer, die wir für den spirituellen Weg bringen, diesem Weg tatsächlich dienen. Dass wir in dem Moment, in dem wir eine Sache für eine andere opfern (im Gegensatz zu sinnlosem Masochismus), das als Priorität setzen, was uns am wichtigsten ist – ganz gleich, ob wir diese Priorität nun genau benennen und definieren können oder nicht.

Vielleicht ist das wahre erleuchtete Leben nicht für uns selbst bestimmt, sondern soll der gesamten Menschheit dienen. Die Menschheit braucht Hilfe, und vielleicht braucht sogar Gott Hilfe. Die Mühen und zahllosen unvermeidlichen Misserfolge auf unserem Weg zur Erleuchtung tragen langsam unsere Selbstsucht, Arroganz, Eitelkeit und Überheblichkeit ab und vergrößern allmählich unsere Chance, den Menschen zu dienen. Statt am Stolz und am Selbstschutz unserer eigenen spirituellen Errungenschaften festzuhalten, sind wir bereit, zu versagen und uns diesen Misserfolgen zu öffnen, weil wir wissen, dass es das Abtragen und nicht das Aufbauen ist, das uns ganz und real und fähig macht, einen sinnvollen Beitrag zum Leben zu leisten.

***

Wie bei jedem bewussten Versagen in allen Bereichen des Lebens ist das Versagen der Erleuchtung die größte Chance, die wir haben, um uns einem wahrhaft erleuchteten Leben zu verpflichten. Wenn wir voll anerkennen und akzeptieren können, dass wir trotz unserer eigenen relativen Außergewöhnlichkeit auf diesem oder jenem Gebiet in den Augen der WAHRHEIT selbst in keiner Weise wirklich besonders, außergewöhnlich oder privilegiert sind, dann eröffnet sich uns die Möglichkeit, ein Leben zu leben, in dem wir für die Demut sowohl unseres Lichtes als auch unserer Dunkelheit offen sind.

Wenn wir uns dem Prozess der Transformation oder des spirituellen Wachstums voll und ganz verpflichtet haben (was sein kann oder auch nicht, und weder das eine noch das andere ist „richtig" oder „falsch"), dann ist unser Versagen, die Erleuchtung zu erlangen, und sogar auch das Versagen dessen, was wir uns unter der Erleuchtung selbst vorgestellt hatten, wieder einmal nur das Versagen einer Vorstellung oder eines Konzepts, an dem wir festgehalten haben, nicht aber der „Nicht-Erfolg" der Sache selbst. Wenn wir diese falschen Ideale ablegen können, wird das offenbar, was darunter verborgen liegt, essentiell und real. Auf diese Weise opfern wir die sogenannte Erleuchtung zugunsten der größeren Chance einer namenlosen und undefinierten, aber doch äußerst realen Möglichkeit.

Kapitel 12

Das Versagen Gottes

(das zu sein, was wir uns unter Ihm oder Ihr vorgestellt haben)

Jeder, der noch weiß, wie desillusionierend es war, die Wahrheit über den Nikolaus und den Osterhasen zu erfahren, weiß auch, wie es ist, wenn ein vermeintlicher Gott zum erstenmal versagt. Als jüdisches Kind war ich stolz auf mein heimliches Wissen, dass der Nikolaus, der die Nachbarkinder besuchte, in Wirklichkeit der dünne Mr. Ryan von der anderen Straßenseite war, der ein Kostüm trug. Dessen ungeachtet glaubte ich noch lange Zeit, dass es einen schönen Mann mit einem langen, weißen Bart gab, der im Himmel wohnte und mich liebte. Ich glaubte auch noch immer, dass es ein schönes Land gab, das man Himmel nannte, bis ich meine Eltern einmal fragte, was geschieht, wenn man stirbt. Mein Vater erzählte, man käme ins Paradies, und meine Mutter sagte, man löse sich ins Nichts hinein auf. Die Widersprüchlichkeit in ihren Antworten offenbarte ihre eigene Unsicherheit und untergrub mein eigenes Vertrauen in Gott.

Kinder, die missbraucht wurden, die sehr früh einen Elternteil verloren haben oder für ein Verhalten beschämt wurden, das bloß Ausdruck ihrer Unschuld war, haben das Versagen Gottes erfahren. Erwachsene, die sich eine tödliche Krankheit zugezogen oder einen unerwarteten oder schweren Unfall erlitten haben, kennen das Versagen Gottes. Nahezu alle Menschen, die jemals wirklich an einem gebrochenen Herzen gelitten haben, haben das Versagen Gottes berührt. Man könnte sogar sagen, dass jeder lebendige Mensch das Versagen Gottes, das zu sein, was wir uns unter Ihm vorgestellt haben, erfahren hat oder erfahren wird.

Was ich hier von vornherein klarstellen möchte, ist, dass Gott zwar durchaus Er, Sie, Es, Wir oder auch nichts davon sein kann, dass aber das Theater, spirituell/politisch korrekt sein zu müssen, indem man stets alle Möglichkeiten ausschreibt, an dieser Stelle einfach zu umständlich ist. Deshalb wird Gott in diesem Kapitel

– vielleicht zur Bestürzung des Lesers – ein „Er" sein, und das hat absolut nichts zu bedeuten (siehe Kapitel 10)!

Die Bilder Gottes, mit denen wir in unserer Kultur gewöhnlich aufwachsen, spiegeln in unserem kollektiven Wissen nicht nur einen profunden Mangel im Hinblick auf das wider, was der göttliche Geist ist, sondern sie erweisen uns auch deshalb einen schlechten Dienst, weil sie unserem Potential, für die außergewöhnliche Möglichkeit dessen zu erwachen, was Gott wirklich sein könnte, im Weg stehen. Wie die meisten meiner jüdischen und christlichen Freunde, denen man die Vorstellung eines strafenden Gottes eingeimpft hatte, hatte auch ich niemals Vertrauen in den Gott, an den zu glauben man mich in meiner Kindheit gelehrt hatte, und das mit gutem Grund. „GOTT MUSS MAN FÜRCHTEN", lehrte man mich. „Du erweist Gott deine Achtung, indem du Ihn fürchtest."

Die meisten Kinder lernen, dass Gott auf sie hernieder lächelt und ihnen jede Menge nette Klamotten, leckeres Essen, cooles Spielzeug, lustige Ferien und – was am wichtigsten ist – die Liebe ihrer Eltern gibt, wenn sie den Regeln gehorchen, die ihr Priester oder ihr Rabbi in seiner Interpretation des Alten oder Neuen Testaments festlegt, und wenn sie in Verbindung damit die zumeist subjektiven und neurotischen Aufträge erfüllen, die ihnen von ihren meist neurotischen (wenn auch wohlmeinenden) Eltern auferlegt werden. Brechen sie die Regeln, sind sie *schlecht*, und ihre Schlechtigkeit wird weder im Himmel noch auf der Erde unbemerkt bleiben. Wenn wir als Erwachsene unfähig sind, in unserer Beziehung zu Gott zu reifen, bleiben diese Dynamiken bestehen, auch wenn sie ein etwas kultivierteres Deckmäntelchen annehmen. So kann es zum Beispiel sein, dass wir nach einem strengen moralischen oder ethischen Kodex leben, der äußerst rigide und unflexibel ist, und wenn wir es dann nicht schaffen, seine Anforderungen zu erfüllen, sind wir von Scham und Entsetzen erfüllt. Es kann auch sein, und das habe ich schon bei vielen Klienten erlebt, dass sich Abszesse bilden, weil wir uns unserer „schmutzigen" oder „schlechten" Gedanken schämen. Wir bringen endloses und unnötiges Leiden über uns, weil unsere begrenzte Vorstellung von Gott uns keinerlei geistigen Freiraum erlaubt. Wir ertragen unsere Vorstellung von Gott, während Gott geduldig wartet, bis wir uns selbst und unsere frühe Konditionierung überwinden können.

Auf diese Weise können wir problemlos erkennen, dass nicht Gott selbst versagt, sondern dass es vielmehr unser Phantasiebild von Gott ist, das uns im Stich lässt – ein Phantasiebild und eine Vorstellung von Gott, die unsere Religion, unsere Kultur und unsere Eltern uns beigebracht haben, und die durch die inneren psychologischen Muster, die aus diesen geistigen „Gravuren" entstanden sind, bewahrt und bestätigt werden.

***

Für die meisten von uns stellt es eine radikale Offenbarung dar, wenn wir erkennen, dass die biblischen Geschichten zwar ohne weiteres in der einen oder anderen Form geschehen sein können, dass sie aber auch als eine Metapher für die menschliche Psyche und als Landkarte für die menschliche Transformation dienen. Die großen religiösen Mythen aller großen Traditionen sind so gestaltet, dass sie auf vielen Ebenen zugleich gelehrt und verstanden werden, so dass der Einzelne ganz unabhängig von der Tiefe seiner intellektuellen und spirituellen Auffassungsgabe fähig ist, die Lehren auf dieser Ebene zu empfangen, während er gleichzeitig einen unbewussten Hinweis darauf enthält, was ihn auf der nächsten Ebene möglicherweise erwartet.

Auch wenn es anscheinend offenkundig ist, dass Religion eine Metapher für die Psyche ist, so ist es doch äußerst schockierend zu sehen, dass viele, wenn nicht sogar die meisten religiösen Führer des Westens, die diese Vorstellungen lehren, diese einfache Wahrheit nicht kennen! Als ich kürzlich einer Gruppe von jungen Heimschülern einige Bücher über das jüdische Passahfest vorlas, fingen sie an, mir Fragen zu stellen, ob diese Geschichten real oder symbolisch seien. Ich musste ihnen erklären, dass sie teilweise wahr, zugleich aber auch eine Metapher für den inneren Prozess der Reinigung sind (ein Konzept, das diese außergewöhnlichen Kinder mit erstaunlicher Leichtigkeit verstanden!), dass aber leider noch nicht einmal die Verfasser der Bücher selbst diese Tatsache anerkannt haben.

So könnten wir auch darüber nachdenken, dass sogar der Gott, auf den sich die bekannten Religionen und die großen Schriften beziehen, wohl kaum dazu neigen dürfte, uns im Stich zu lassen. Statt dessen sind es vielmehr diejenigen, die diese Religionen und Schriften interpretieren, die uns verwirrende und begrenzte Vorstellungen im Hinblick darauf vermitteln, wer Er ist, wie Er wirkt, wie großzügig Seine Gnade und wie großzügig der Raum ist, den Er uns für unser menschliches „Versagen" zugesteht.

***

Doch auch wenn wir unseren kulturell und religiös verwurzelten Vorstellungen von Gott entwachsen sind, kann Er uns auf einfache und schmerzliche Weise desillusionieren. Ich kenne eine ganze Reihe von Leuten, die wütend und sogar wirklich stocksauer auf Gott sind, und ich meine, dass das eine gesunde Sache ist. Wenn wir ständig darauf bestehen, Gott zuliebe immer lieb und nett und nachsichtig und ein „guter Bürger" sein zu wollen, dann führen wir nicht nur ein sehr banales und unnötig begrenztes Leben; unsere Unterdrückung wird sich zwangsläufig auf die eine oder andere Weise zeigen – wir leiden unter Verstopfung oder sind unserem Partner gegenüber passiv aggressiv.

Außerdem legt Gott ein scheinbar gemeines, wenn nicht schlicht verwirrendes Verhalten an den Tag. Ständig wirft er „Curveballs", schießt mutwillig mit Carrom-Steinen[8] nach uns oder kommt auf uns zu und haut uns – klatsch – eine runter. Er stiehlt unseren Geliebten und gibt ihn einer anderen Frau, er tötet unser Kind bei einem Autounfall, lässt unser Zuhause in Flammen aufgehen, lässt uns an Krebs erkranken oder teilt uns ein schlechtes Leben zu … oder einfach nur einen Tag, an dem alles schief geht. Oftmals scheint Gott unser Flehen, unsere Wünsche und unsere Träume völlig zu ignorieren. Was für ein Gott ist das?! Mit Sicherheit keiner, der sich auch nur einen Deut um unsere Menschlichkeit zu kümmern *scheint*.

Es ist in Ordnung, auf Gott zu fluchen, denn wahrscheinlich gibt es auf diesem Planeten nicht einen wirklich bewunderungswürdi-

---

8 Anm. der Übersetzerin: Die Erklärung für „curveball" finden Sie in Fußnote 5 in Kapitel 7. Carrom ist ein asiatisches Brettspiel, das nach ähnlichen Regeln gespielt wird wie Billard, aber mit den Fingern anstelle des Stocks. Es wird deshalb auch „Finger-Billard" genannt.

gen Menschen, der das nicht auch dann und wann schon einmal getan hätte. Es gibt keinen Grund, warum wir für die ungerechte Behandlung, die Gott uns zuteil werden lässt, nicht manchmal oder auch öfter wirklich aufgebracht und gekränkt sein sollten. Wir sollten Gott mit obszönen Blasphemien verdammen, Ihm den Stinkefinger zeigen, schwören, dass wir Ihn hassen, und nach unserer Mami rufen, damit sie ganz schnell kommt und uns rettet.

Wenn unser Wutanfall dann vorüber ist, können wir uns beruhigen und tief nach innen zur Ernsthaftigkeit jener Realität gehen, die unter unserer Desillusionierung liegt. Dort beginnen wir zu überlegen, zu hinterfragen und in uns selbst nach Antworten zu suchen, die in dem oftmals hässlichen Erscheinungsbild der Dinge nicht zu finden sind. Unwillkürlich erinnern wir uns an das Geschenk unseres Lebens, und indem wir das tun, lassen wir zu, dass der Kummer unserer Fragen unsere Gefühle des Verlassenseins durchdringt. An genau diesem Punkt entspringen die Anfänge eines Wissens, das nur dann zu uns kommen kann, wenn wir zugelassen haben, dass wir die brennende Wunde des Verrats durch unseren Gott empfinden. „Gott wird dich allein lassen", wurde mir einmal gesagt, als ich einen großen spirituellen Meister interviewte. „Doch Er wird es nur tun, damit du Ihn noch tiefer erkennen kannst."

***

Gott wird uns im Stich lassen, wenn wir erwarten, dass er Verantwortung und Schuld für Dinge übernimmt, für die wir als Menschen die volle Verantwortung tragen. Jesus sagte: „Gebt dem Kaiser, was dem Kaiser gehört, und Gott, was Gott gehört!" Wir tappen in eine große Falle falscher Wahrnehmung und betrügen in erster Linie uns selbst, wenn wir Entscheidungen treffen, die unser Leben verpfuschen, und dann fordern, dass Gott für die Folgen verantwortlich sein soll. Nicht nur, dass Gott das ganz unsentimental ablehnen wird: Wenn wir den Unterschied zwischen dem, wofür wir die Verantwortung tragen, und dem, wofür Gott die Verantwortung trägt, nicht verstehen, dann meinen wir irrtümlich, Gott sei lieblos, obwohl es in Wirklichkeit Gottes Liebe ist, die uns das volle Recht sowohl auf unsere eigenen Handlungen als auch auf unsere eigenen Konsequenzen zugesteht.

Es ist in Ordnung, wenn wir all die Irrtümer begehen, die wir begehen wollen, oder wenn wir unser Leben und unseren Körper als Labor benutzen, um bestimmte Experimente in bezug auf das Leben durchzuführen. Diese Wahlmöglichkeit wurde uns gegeben, und wir können und sollten sie nutzen. Wenn aber die Ergebnisse der Laboruntersuchungen nicht so sind, wie wir sie uns vorgestellt hatten, geben wir dann dem Labortest selbst die Schuld, oder übernehmen wir als Chemiker die Verantwortung?

Es gibt in der Tat einen freien Willen, den wir entweder als den Segen oder als den Fluch der Menschheit betrachten können, der letztlich aber nichts anderes als ein äußerst großzügiges Angebot ist. Das Thema des freien Willens ist natürlich zu umfassend, um ihm hier gerecht zu werden, aber es lohnt sich dennoch, einen kurzen Einblick in diese verblüffende Überlegung zu geben. Obwohl wir auf der breitesten und objektivsten Ebene der Existenz sagen könnten, dass Gott letztlich die Verantwortung für alles trägt, gibt es innerhalb der Gesetze der subjektiven Dualität, in der wir leben, konkrete Domänen der Verantwortlichkeit. In bestimmten Bereichen ist Gott oder die WAHRHEIT die einzige Kraft, die Ereignisse und deren Folgen bestimmen kann und wird, während in anderen Bereichen wir Menschen die volle Verantwortung übernehmen müssen. In noch wieder anderen Domänen gibt es viele graue Bereiche. Haben wir Magenkrebs bekommen, weil es unsere Bestimmung war, weil wir zu viel und falsch gegessen haben oder weil es in unseren Genen verankert war? Selbst wenn letzten Endes Gott für das Wohlergehen unseres Kindes verantwortlich ist, so gibt es doch niemals eine Entschuldigung für selbstsüchtige oder nachlässige Elternschaft, und auch wenn Gott letzten Endes die Verantwortung für unsere Transformation trägt, müssen wir unser Streben danach doch so gestalten, dass sogar Gott Selbst von uns beeindruckt wäre.

Das Thema des freien Willens ist eindeutig paradox. Wir müssen die volle Verantwortung für unseren freien Willen, für die Gesetze von Handlung und Konsequenz und mit Sicherheit für unsere eigenen Entscheidungen übernehmen – und wir müssen aufhören, sie an einen Gott zu delegieren, dem es völlig egal ist, ob wir Fleisch essen oder nicht, ob wir am Sonntagmorgen zur Kirche gehen oder am Mittwochabend oder ob wir die Geschwindigkeitsbegrenzung einhalten oder nicht. Gott als der Erretter wird uns nicht vor Schuld, psychologischen Konflikten, Stress bei der Arbeit oder vor unserem gewalttätigen Ehemann retten. Gleichzeitig aber existiert unser freier Wille im Kontext eines größeren Gottes oder einer größeren WAHRHEIT. Wir können daran denken, die Tatsache achten und sogar Zuflucht darin suchen, dass es eine größere Intelligenz gibt, die uns an ihre Küste mitnehmen möchte, wenn wir nur bereit sind zu lernen, wie man das Boot steuert. Es heißt: „Wenn du einen Schritt auf Gott zugehst, dann geht Gott hundert Schritte auf dich zu." Wir *müssen* den einen Schritt, der unser Schritt ist, mit all der Gegenwärtigkeit und Aufmerksamkeit gehen, die wir ihm widmen würden, wenn wir für alle Zeiten nur diesen einen, einzigen Schritt tun könnten.

***

Wenn wir aufgehört haben, unserem Selbstmitleid zu frönen, ist es verständlich, dass wir im Angesicht Gottes zuweilen verzagt sind, besonders dann, wenn wir nicht nur unserem eigenen Leiden, sondern dem der Menschheit gegenüberstehen. Als ich durch den sehr schönen, aber blutbefleckten Park außerhalb von San Salvador in El Salvador lief, der nur Monate zuvor der Opferplatz für viele tausend Männer, Frauen und Kinder gewesen war, habe ich mich sicherlich gefragt, wer der Gott war, der zugelassen hatte, dass all das geschah. In diesem Moment klangen alle karmischen Erklärungen und spirituellen Beweisführungen, die ich gehört und auch selbst benutzt hatte, um solche Kriege und Ungerechtigkeiten zu erklären, für mich wie das hirnlose Kauderwelsch, das man sich ausdachte, um etwas mit Farbe zu übertünchen, mit dem sich der menschliche Geist nicht abfinden konnte. Soweit ich es sehen konnte, schien Gott in diesem Fall wirklich versagt zu haben.

Gleichzeitig müssen wir respektieren, dass im Universum unendlich viele Kräfte am Werk sind, die wir nicht verstehen und vielleicht auch niemals ganz und gar verstehen werden. Karma ist zum Beispiel eine sehr reale Dynamik. Es gibt ein unveränderliches Bewusstsein, das an der Basis aller Manifestation existiert, und in lebenden Formen manifestiert dieses Bewusstsein sich auf der Grundlage der Gesetze von Ursache und Wirkung sowie von Aktion und Reaktion. Auch wenn die Ideologie des New Age das karmische Prinzip oft zu sehr personalisiert und behauptet, dass „wir" durch unseren mehr oder weniger stark ausgeprägten Grad der Erleuchtung alles Gute und Schlechte in unserem Leben erschaffen, bleibt die Tatsache bestehen, dass unsere gesamte Erfahrung aus all unseren Lebenszeiten miteinander verbunden ist (ganz gleich, ob wir an mehr als eine Lebenszeit glauben oder nicht).

Zudem gibt es zwischen allen Dingen auf der Erde und im Universum gesetzesmäßige Beziehungen, die respektiert werden müssen. In diese Beziehungen mischt Gott sich gewöhnlich nicht ein, und zwar nicht aufgrund Seines eigenen Versagens, sondern weil wir Menschen uns unsere eigene Evolution sehr sorgfältig erarbeiten müssen. Es gibt Abstufungen von Wissen und Verstehen und Entschlossenheit, die wir uns durch unser eigenes Bemühen verdienen müssen, und ein zu großer Vorschuss von Gott in dieser Beziehung wäre uns langfristig in keiner Weise dienlich.

Außerdem gibt es im Leben eine Kraft der Verleugnung und eine Kraft der Affirmation. Gott hat nie behauptet, ausschließlich wohlwollend zu sein, und es bleibt die Tatasche bestehen, dass es Kräfte gibt, die unserer eigenen Befreiung und Erfüllung entgegenwirken, während andere gleichzeitig dafür arbeiten. Statt darüber zu jammern, dass Gott uns im Stich gelassen hat, weil es diese Kräfte gibt, sollten wir lieber die Situation so kennen lernen, wie sie ist, damit wir lernen können, klug die Hindernisse zu umschiffen, denen wir auf unserem Weg hin zu einem größeren Ganzsein mit Sicherheit begegnen werden.

Zudem ist unsere Menschlichkeit ein Mysterium, das man, wenn überhaupt, nur verstehen kann, indem man in einem Kontext des Verstehens ausharrt, der so radikal und so selten ist, dass die meisten von uns in dieser Lebenszeit nicht das Privileg haben werden, darin zu verweilen. Jedoch schließt unser Mangel an Verständnis die Existenz einer Art von Vollkommenheit nicht aus, die trotz der ihr innewohnenden scheinbaren Schrecken tatsächlich existiert. Gott hat uns nicht im Stich gelassen, sondern wir haben darin versagt, Gott zu verstehen, und deshalb fühlen wir uns zeitweilig von einer Kraft im Stich gelassen, die in Wahrheit im Dienst unserer Rettung arbeitet.

Schließlich habe ich festgestellt, dass wir ungeachtet unserer Desillusionierung in bezug auf Gott letztlich trotzdem alle nach

Ihm suchen. Der große persische Dichter Hafiz sagt, dass es „auf dieser Erde niemanden gibt, der nicht nach Gott sucht". Trotz all unserer Sorgen kann etwas in uns das Wunder des Mysteriums einfach nicht leugnen, die scheinbare Unmöglichkeit unseres Seins, die unergründliche Existenz des Kosmos. Wenn der allerschlimmste Fall eintritt — meist im Angesicht des nahenden Todes, wie wir im nächsten Kapitel sehen werden — treten nicht nur unsere Ängste und unsere Skepsis im Hinblick auf Gott zu Tage, sondern auch unser profundes inneres Wissen von DEM, was wir für unfassbar hielten.

***

Gott wohnt nicht im Himmel, und es scheint so, als würden wir uns in der Entwicklung der Menschheit und der Religion einer Zeit nähern, in der dies einer breiten Masse zunehmend offenbar wird. Wenn Gott im Himmel existiert, dann muss die Erde das Heim des Teufels sein, und wie wir sehen, funktioniert dieses Szenario nicht sonderlich gut. Tatsächlich praktizieren die Baul von Bengalen – eine mystische Sekte, die ursprünglich in Nordindien ins Leben gerufen wurde – eine Philosophie, die man als *kaya sadhana* bezeichnet und in der Gott nicht nur auf der Erde, sondern auch im und durch den menschlichen Körper zu finden ist. Ihre spirituelle Übung hat das Ziel, den menschlichen Körper und die menschliche Erfahrung so vollkommen mit Gott zu durchtränken, dass der gewöhnliche menschliche Ausdruck zu einem Ausdruck von Gott selbst wird. Das muss natürlich immer in großer Demut geschehen, damit wir den Ausdruck unseres eigenen Ego nicht mit dem Prozess Gottes verwechseln, der sich durch uns bewegt, und schließlich einen sinnlosen und fehlgeleiteten messianischen Komplex entwickeln.

Es geht darum, dass wir lernen, Gott durch die winzigsten Kleinigkeiten des Lebens selbst zu finden und zu verkörpern. Wenn wir anfangen können, unser Leben in dieser Weise zu leben, dann spielt es keine Rolle mehr, was – wenn überhaupt etwas – wir als Gott bezeichnen, und es spielt auch keine Rolle mehr, ob wir Ihn für einen Misserfolg oder für einen Erfolg halten. Wenn wir unsere Vorstellung von einem eingebildeten Gott aufgegeben haben, auf den wir alle unsere menschlichen Schwächen projizieren können, bleibt schließlich die Chance einer Menschlichkeit übrig, die mit einer Qualität gewöhnlicher Magie erfüllt werden kann, die wahrscheinlich dem, was Gott wirklich sein kann, ähnlich ist. Was immer Gott auch ist, Er verspürt sicherlich nicht so sehr den Wunsch nach unseren Schmeicheleien in Form von Lob oder Kritik als vielmehr den Wunsch, durch die menschliche Erfahrung gekannt und gelebt zu werden. Das ist zumindest die Art von Gott, an der ich interessiert bin.

Kapitel 13
Das Versagen des Todes

Kurz ehe dieses Buch zum Setzer gehen sollte, erhielt ich einen An-
ruf: Meine Mutter war schwer krank. Zwei Tage später, nachdem ich
von einer Küste des Landes zur anderen gereist war, besuchte ich
gemeinsam mit meiner Mutter den Onkologen, und wir erfuhren,
dass sie Krebs hatte und daran sterben würde. In solchen Zeiten
wird das Leben sehr, sehr real. Viele Menschen wissen das aus eigener Erfahrung, und die, die es noch nicht wissen, werden es früh
genug erfahren. Niemand entkommt seinem eigenen Tod oder dem
Tod geliebter Menschen.

In dem vernichtenden Schlag, den dieses unmittelbare Todesurteil
uns versetzt, lösen sich alle Vorstellungen von Erfolg und Misserfolg geradewegs in den Äther hinein auf, und nur die wichtigsten
Fragen bleiben: „Hat Gott (oder das Leben) mich im Stich gelassen?" Und: „Habe ich in meinem Leben versagt?" Diese Fragen
sind nicht nur für den Menschen von Bedeutung, der stirbt, sondern
auch für alle Familienmitglieder und Freunde. Es sind ursprüngliche
Fragen, existentielle Fragen, genau die Fragen, die zwischen
menschlichem Irrtum und dem liegen, was wir als Weisheit bezeichnen könnten.

Nur eine Woche vor diesem Ereignis träumte ich, dass ich innerhalb eines Jahres sterben würde. Meine Reaktion darauf war viel-
fältig. Zuallererst hatte ich ein Gefühl von tiefem Verrat und profundem Versagen. Ich war meiner vollen Lebensspanne beraubt
worden. Man hatte mich nicht gewarnt. Ich hatte nicht die Chance
erhalten, die zu werden, die ich hätte werden können, so zu lieben,
wie ich es gerne gewollt hätte, zu lernen, nicht immer wieder dieselben Fehler zu machen. Ich hatte nicht die nötige Zeit bekommen, um mich spirituell auf meinen eigenen Tod vorzubereiten. Ich
durchlebte Schicht um Schicht von Gefühlen: Verrat durch Gott,
Zorn auf mich selbst, Wut auf das Universum, weil es mir keine

besseren Umstände gegeben hatte, und so fort. Und dann wusste ich, dass ich nicht verraten worden war. Niemand hatte mir versprochen, dass ich fünfundachtzig werden würde, dass ich höchste spirituelle Erfüllung und Hingabe finden würde, noch ehe ich vierzig war, dass ich alles bekommen würde, was ich haben wollte, nur weil ich darum gebeten hatte. Ich hatte das Geschenk des Lebens empfangen – Punkt. Nicht mehr und nicht weniger. Meine Lebensumstände waren keine Garantie für eine Sonderbehandlung. Keine Fristverlängerung. Ich verstand stillschweigend, dass es alte, karmische und rätselhafte Gesetze gibt, die mein Leben und meinen Tod bestimmen – Gesetze, die ich nicht völlig verstehe, die aber vom Universum selbst weitergegeben werden. Es war einfach das, was mir gegeben worden war. Bis zu diesem Punkt hatte ich darin „versagt" zu erkennen, dass es nicht Gottes Fehler war, sondern mein eigener. Niemand hatte mir noch einen weiteren Tag versprochen, an dem ich mit all meiner Kraft lieben konnte, wenn ich an all den Tagen, die vor diesem Punkt lagen, versäumt hatte, es zu tun. Niemand hatte gesagt, dass ich die Zeit haben würde, all die Bücher zu schreiben, die in mir verborgen lagen, oder das Kind aufzuziehen, das ich mir so sehr wünschte. Nein. Mein Leben war mir gegeben worden, und was ich damit getan oder auch nicht getan hatte, war allein meine Verantwortung.

***

Da war nun also meine Familie im Krankenhaus, völlig schockiert von der Nachricht, dass meine Mutter bald sterben würde, und plötzlich wurden sie alle zu Atheisten. Mein Vater hatte das Gefühl, seine Gebete seien nicht erhört worden. Mein Bruder – ein reifer Erwachsener und selbst Vater von drei Kindern – weinte: „Wenn es einen Gott gäbe, dann würde er uns Mama nicht einfach so fortnehmen." Meine Mutter, selbst schockiert und ruhiger als wir alle, offenbarte uns, dass sie schon vor vierzig Jahren aufgehört hatte, an Gott zu glauben, als ihre Mutter und ihr Bruder an schmerzhaften Krankheiten gestorben waren, beide in einem Alter, das weit unter der normalen Lebenserwartung lag.

Ich hörte mir ihre Kommentare an. Ich war genauso erschüttert wie alle anderen in der Familie – von Kummer überwältigt –, mit dem einzigen Unterschied, dass ich die Tatsache ihres Todes nicht als einen Verrat Gottes oder als ein Versagen von etwas sehen konnte, das sie oder jemand anderer getan hatte. Der Tod ist ein Teil des Lebens. Punkt. Er ist ein schwieriger Teil des Lebens – der Aspekt unserer Existenz, der für sich, allein gesehen, die größte Herausforderung für uns darstellt –, aber er ist so real wie unser Leben selbst. In der Realität würde das Versagen darin liegen, nicht zu sterben, denn so, wie es unser Recht ist zu leben, so ist es auch unsere Bestimmung zu sterben. Beide sind untrennbar miteinander verbunden, und sie sind das, was uns gegeben wurde.

Letztlich hat niemand in dieser Welt uns verraten, denn das ist unmöglich. Relativ gesehen haben wir andere zutiefst verletzt und sind von ihnen verletzt worden, aber am Ende sind es nur wir selbst, die uns verraten. Hafiz sagt, unsere Wunden seien darauf zurückzuführen, dass unser Verstehen nicht tief genug geworden ist, um dem Traum des Lebens zu verzeihen. Mit anderen Worten, unser vermeintliches Versagen rührt daher, dass wir nicht fähig sind, das Leben so wahrzunehmen, wie es ist, diesen Umstand zu akzeptieren und in tiefe Harmonie damit zu gelangen.

***

Wenn wir erfahren, dass wir sterben werden, haben wir womöglich das Gefühl, dass wir versagt haben. Wir haben nicht genug geliebt. Wir haben andere Menschen schlecht behandelt. Wir haben zugelassen, dass unsere Ängste uns daran gehindert haben, unsere Träume zu erfüllen. Wir bedauern Dinge, die wir getan und nicht getan haben. Auch wenn wir erfahren, dass jemand, den wir lieben, stirbt oder gestorben ist, sind wir oft von Bedauern erfüllt: Wir haben versäumt, ihm zu vergeben, wir haben es zugelassen, dass unwichtiger Groll den Ausdruck unserer Liebe überschattet, wir waren nicht verständnisvoll, und wir haben nicht geholfen, als wir es gekonnt hätten. Wir verspüren Reue wegen des grundlegendsten aller menschlichen Versäumnisse. Durch das Empfinden wahrer Reue sind wir dann auf eine tiefe Weise mit unserer Menschlichkeit verbunden. Wir sind lebendig. Das bewusste Eingestehen und Erfahren unserer Versäumnisse weist auf die Möglichkeit eines immens großen Erfolges hin, die sich darunter verbirgt.

Ungeachtet dessen, was wir getan oder nicht getan haben, lautet die wirkliche Frage: Was fangen wir nun damit an? Vielleicht haben wir damals versagt, aber werden wir auch weiterhin versagen? Oder werden wir die verbleibende Zeit nutzen, um endlich wirklich zu lieben, liebevoll für andere zu sorgen, unsere Zuneigung zu zeigen, andere um Vergebung zu bitten, uns selbst zu vergeben? Und wenn es uns nicht mehr möglich ist, das bei einem Menschen zu tun, der bereits gestorben ist, wie können wir dann mit anderen Menschen in unserem Leben *jetzt* sein, damit wir dieselben Fehler nicht wiederholen? Vielleicht wurde der Tod uns gegeben, damit wir lernen, endlich richtig zu leben, damit wir die Chance zu einem endgültigen Erfolg erhalten. Eine liebe Freundin begann, nachdem sie an Krebs erkrankt war, in einer Weise zu leben, wie es nur ganz wenige Menschen tun. Sie hatte sich zu dieser Zeit bereits sehr tief auf ihr Leben eingelassen, aber vom Zeitpunkt der Diagnose bis zu den letzten Monaten und Jahren ihres Lebens hatten die Menschen in ihrem Umfeld das Privileg, eine Frau zu erleben, die dem Tod direkt ins Auge blickte und jede Minute des Lebensgeschenks, das ihr geboten wurde, umarmte, ganz gleich, wie viel oder wie wenig Zeit ihr für diese kostbare Gelegenheit noch blieb.

Sehr oft sind es allein diese „Misserfolge", die uns dazu bringen, in unserem Leben etwas zu verändern. Mein eigenes Leben wahrer spiritueller Übung begann nach einem fast tödlichen Autounfall, als ich fünfzehn war. Manche Menschen erfahren die Zeit vor ihrem Tod als die erfüllteste Zeit ihres Lebens, wenn sie endlich alles loslassen, was unwichtig ist, und anfangen, das zu erfahren, was real und relevant ist. Wenn wir nach dreißig Jahren erfolgloser Beziehung zu unserem Vater, unserer Tochter oder unserem Bruder endlich auch nur eine Stunde lang wahre und authentische Liebe miteinander teilen können, wenn wir Vergebung bei uns selbst und bei anderen finden, wenn wir es schaffen, für den Rest unseres Lebens zu den Menschen in unserem Leben auch nur ein klein wenig liebevoller zu sein, können wir dann mit Sicherheit sagen, dass wir versagt haben?

Viele Menschen, die vor lebensbedrohlichen Krankheiten stehen, glauben, dass sie Erfolg haben, wenn sie überleben, und dass sie versagt haben, wenn sie sterben. Natürlich haben wir dieses *Gefühl*, aber wie können wir es wirklich wissen? Letztlich sind es nicht *wir*, die unseren Tod kontrollieren, also wie können *wir* die Verantwortung für das Wissen übernehmen, welcher Ausgang, wenn überhaupt, Erfolg und welcher Versagen bedeutet? Etwas, das größer ist als wir selbst, lenkt die Kräfte unseres Lebens, ob wir nun an Gott, das UNIVERSUM oder die EVOLUTION glauben. Das einzige, was wir kontrollieren können, ist die Art unserer Beziehung zu dem, was unser Leben bestimmt. Der Tod ist kein Versagen – er ist, was er *ist* –, und deshalb rührt jeder Erfolg und jedes Versagen nur daher, wie wir auf die Situation eingehen können. Wenn Leute sagen: „So-und-so hatte einen guten Tod", dann heißt das, dass der Betreffende fähig war, sich dem Prozess des Todes zu überlassen und hinzugeben, aber es heißt nicht, dass er nicht gestorben ist.

Wenn der Tod bedeutet, dass wir versagen, dann haben alle großen Menschen, die jemals gelebt haben – und das schließt die Propheten ein –, versagt, denn sie alle sind gestorben. Wir scheinen zu glauben, dass wir versagen, wenn wir mit dreißig sterben, aber nicht, wenn wir mit fünfundneunzig sterben. Oder dass wir versagen, wenn wir an einem Herzinfarkt sterben, aber nicht, wenn die Ursache ein Erdbeben ist. Die höchst subjektive Natur solcher Behauptungen ist sehr leicht zu erkennen. Ein Freund von mir, der Schüler eines großen indischen Heiligen ist, hat mir erzählt, dass er einmal versuchte, Selbstmord zu begehen, indem er zwei volle Flaschen eines tödlichen Gifts trank – eine Menge, die ausgereicht hätte, um zwanzig Menschen zu töten. Als er am nächsten Tag den Heiligen besuchte, der vermeintlich nichts von diesem versuchten Selbstmord wusste, begrüßte der Meister ihn mit den Worten: „Du glaubst wirklich, dass du die Kontrolle über dein Leben und deinen Tod besitzt, nicht wahr?"

Wenn der Tod bedeutet, dass wir versagen, dann haben wir alle bereits versagt, denn wir alle sind auf der gemeinsamen Reise hin zu unserem Grab. Wenn der Tod jedoch die allerletzte Mahnung ist, der Anreiz, wirklich zu *leben*, der Weckruf für unsere Seelen, dann ist er vielleicht gar kein Versagen, sondern eine profunde Gelegenheit. Eine allerletzte Chance.

***

Auch die Trauer ist eines der großartigen Geschenke des Todes. Trauer ist etwas, vor dem wir schreckliche Angst haben. Sie zerreißt uns, zerrt an unserem Herzen, führt uns in die tiefen Abgründe von Einsamkeit und Entsetzen, in die inneren Welten von Selbstzweifel, Bedauern, profundem Infragestellen, unvorstellbarem Verlust und… Liebe. Nur wenige Dinge führen uns in solchem Maße zur Liebe, wie es die Trauer tut, denn die Trauer entblößt und demontiert alle Schutzschichten, die wir um unser Herz gelegt haben. Wenn wir trauern, dann sind wir offen, und wenn wir offen sind, dann lieben wir. Die scheinbar unerträglichen Jahreszeiten der Trauer werden oft von schönen Tagen unterbrochen, an denen wir in höherem Maße zu Liebe, Geduld, Mitgefühl und Achtung vor unserer eigenen und vor der Menschlichkeit anderer fähig sind, und diese Tage haben weder mit den Umständen noch mit herkömmlichem Glücklichsein zu tun. Wenn wir Trauer verspüren, sind wir verletzlich, haben nicht die Energie, den Bewegungen des Lebens zu widerstehen, und sind bereit, zu vergeben. In unserer Trauer um das, was wir lieben, entdecken wir unsere eigene Liebe und unsere eigene Zärtlichkeit.

Trauer ist etwas, worum wir niemals bitten würden, und doch bietet sie uns im Angesicht des Todes die Chance zu profundem „Erfolg". Sie öffnet uns für das, was real ist, und wenn wir in dem verweilen, was das REALE ist – was immer die Realität ist –, können wir einfach nicht verlieren.

***

Schließlich sagen alle großen Traditionen, dass es im höchsten Plan der Dinge keinen Tod gibt. Wir Menschen sterben, aber das Bewusstsein lebt weiter. Das Universum besteht aus reinem Bewusstsein, das sich in unendlich vielen Formen manifestiert, einschließlich der des Menschen. Menschen entspringen dem Bewusstsein und kehren in das Bewusstsein zurück. Die gewöhnliche menschliche Identität – unsere Identifikation mit dem Ego – stirbt, doch das Bewusstsein kann und wird nicht enden. Wenn die Heiligen von der Entdeckung der Unsterblichkeit sprechen, dann beziehen sie sich auf die Fähigkeit, sich mit dem unsterblichen Bewusstsein selbst und nicht mit der gewöhnlichen Identifikation mit dem Ego zu identifizieren. Wie jeder Körper, so wird auch ihr Körper sterben, doch sie haben die Natur ihrer essentiellen Identität entdeckt und sind darin von der Überzeugung befreit worden, dass der Tod des Körpers gleichzeitig den Tod des Lebens bedeutet. Das intellektuelle Wissen um diese Unsterblichkeit heißt nicht, dass wir nicht die sehr menschliche Erfahrung von Verlust, Kummer, Schmerz und Verhaftung machen werden, doch es weist darauf hin, dass der Tod vielleicht nicht das ist, was wir glauben, und dass er mit Sicherheit kein Misserfolg ist.

Da *wer wir sind* im Grunde nicht sterben kann, besitzt vielleicht nicht das Versagen des Todes, sondern einzig das Versagen des Lebens Realität: unseres Lebens. Leben wir in einer Weise, die es uns möglich macht, die unschätzbar wertvollen Geschenke des Lebens in vollem Umfang zu schätzen? Ich frage nicht: „Tun wir es vollkommen?" Denn das tun wir nicht. Darin scheitern wir. Aber umarmen wir die Chancen des Lebens, das uns gegeben ist und wie es uns gegeben ist, und benutzen wir unseren unvollkommenen Körper, unseren Geist und unser Herz, um unsere einzigartige Ausdrucksform des Lebens zu erfüllen? Oder verbergen wir uns hinter Angst und wenden uns von dem ab, was uns angeboten wird? Der Tod wird uns nicht im Stich lassen. Nur wir selbst lassen uns im Stich, und ob wir das tun oder nicht, ist wirklich in jedem Moment unsere eigene Entscheidung.

Kapitel 14

Die Investition in die Realität

Im Verlauf des Buches haben wir immer wieder von der Möglichkeit gesprochen, dass wir gewinnen können, indem wir verlieren. Wenn wir das *Glück* haben, auf dem spirituellen Weg zu versagen – da selbst das Versagen gar nicht so einfach ist –, verlieren wir unsere Vorstellungen von herkömmlichem Glücklichsein, unsere Glaubenssätze hinsichtlich unserer Anschauungen, unser Vertrauen in unsere Sicherheit, die Verhaftung an unsere Identität. Wir sehen, dass unsere Pläne scheitern, dass Sinn und Bedeutung kommen und gehen, dass unsere Realität sich meist aus subjektiven Projektionen zusammensetzt, dass Gott nicht der ist, für den wir Ihn hielten, dass die Erleuchtung nicht allzu viel zu bedeuten hat und das Ego sich niemals durchsetzen wird. Wenn wir alle diese Dinge verlieren, was um Himmels willen gewinnen wir?

Wenn es uns gelingt, auch durch unsere Verluste hindurch bewusst zu bleiben, können wir vielleicht eine kleine Scheibe der Realität gewinnen – einer Realität, die möglicherweise nicht so ist, wie wir sie uns vorgestellt hatten, für die wir uns nicht entschieden haben, die wir so nicht gewollt und die wir möglicherweise am meisten gefürchtet haben, aber auch eine Realität, die, nun ja, *real* ist. Objektiv real. Real in der Welt Gottes. Real in der Welt der WAHRHEIT. Diese Realität ist alle Misserfolge wert, und sie kann und wird sich zu unzähligen Möglichkeiten entfalten.

Nun ist es nicht so, als wäre die Realität immer eine wunderbare Sache. Okay, manchmal ist sie wirklich in Ordnung. Gelegentlich geht sie sogar den Weg, den wir wollen. Wir kriegen die Stelle, die wir haben wollten, wir verlieben uns, unser erstes Kind wird geboren, und in der Ekstase des Wunders des Lebens werden wir beinahe ohnmächtig. Wir teilen einen Augenblick scheinbar endloser Intimität mit unserem Partner, wir vollenden ein Projekt, oder wir berühren Gott ein klein wenig in dem Duft, der an einem Frühlingsmorgen in der Luft liegt. Die Realität kann außergewöhnlich sein, und die meisten von uns leben für die Augenblicke, in denen sie ihre geheimen Schätze offenbart.

Trotzdem wissen wir alle, dass wir eines Tages die Stelle auch wieder verlieren werden, die wir irgendwann einmal unbedingt haben wollten, oder dass es in der Belegschaft Konflikte geben und wir nicht die Gehaltserhöhung bekommen werden, die wir erstrebten. Wir wissen, dass unsere Beziehung vor Problemen stehen wird, dass unser Kind mehr von uns fordern wird, als wir glauben, ihm geben zu können, oder dass es krank werden und uns schreckliche Sorgen bereiten wird. Wir wissen, dass unsere Erfahrung von Befriedigung, die wir aus unseren kleinen Erfolgen gewinnen, verblassen und nur zu einer Sehnsucht nach noch mehr Befriedigung führen wird. Ungeachtet dessen, was wir gerne glauben würden, sind unsere Qual und unsere Ekstase Liebhaber, und sie liegen eng umschlungen im Schlafzimmer unseres Geistes.

Die Realität kann wunderbar sein, aber manchmal ist sie auch einfach nur echt besch...en. „Die Realität ist hart und unbeirrt. Sie wird dich jedes Mal wieder umwerfen", hat Werner Erhard gesagt. Die Realität ist ein strenger Meister. Sie ist das Göttliche Demütigungsmittel. Sie ist das, was uns alle buchstäblich zu unserem eigenen Tod führen wird. Sie sitzt auf unserer Schulter und beobachtet unsere Lügen, unsere Hinterlist, unsere Manipulation, unsere Unsicherheit und alle Spiele, die wir unbewusst und sogar verständlicherweise spielen, um so zu tun, als seien die Dinge anders, als sie es in Wirklichkeit sind. Während wir ständig im Schlaf der Unbewusstheit und der Leugnung des Lebens, wie es wirklich ist, versinken, bleibt die Realität wach, hütet die Festung und wartet, wenn nötig, bis in alle Ewigkeit, um zu sehen, ob wir vielleicht einmal ein Auge für sie öffnen.

Die Erfahrung der Realität fürchten wir in der Tat so sehr, dass die meisten Menschen sich fast immer dafür entscheiden, ihr aus dem Weg zu gehen und ihr gesamtes Leben statt dessen in einem Feld der subjektiven Illusion zu leben. Menschen, die auf der spirituellen Suche sind, und auch diejenigen, die behaupten, gefunden zu haben, sprechen von *maya* oder der Illusion oft so, als sei die gesamte phänomenale Realität falsch und nur eine transzendente, unsichtbare Realität real. Doch keiner von uns, der seine Augen auch nur ein einziges Mal geöffnet hat oder dessen Herz auch nur einen kurzen

Augenblick lang berührt wurde, kann mit Sicherheit behaupten, dass unser menschliches Leben illusorisch ist. Wenn jemand uns mit einem Hammer auf den Finger schlägt, dann tut das weh, und unser Schmerz ist keine Illusion. Unser Leben ist so real wie die Tatsache, dass wir in diesem Moment atmen und in dem Moment aufhören werden zu atmen, in dem wir sterben.

Wir Menschen leben tatsächlich in *maya*, doch unser *maya* ist unsere illusorische oder falsche *Beziehung* zur Realität und nicht die Realität selbst. Wir entscheiden uns dafür, in *maya* zu leben, weil die Erfahrung der Realität zuweilen schwer zu ertragen sein kann. Jedes Mal, wenn wir uns davon abwenden, für das gegenwärtig zu sein, was das Leben uns anbietet – ein Prozess, der jeden Tag viele tausend Male geschieht –, sagen wir „nein" zur Realität. Wir überlassen uns immer und immer wieder der vollen Gewalt des Lebens, weil wir Angst vor dem haben, was geschehen wird, wenn wir ohne dämpfenden Puffer leben. Wir ziehen es vor, in der Schachtel zu leben, die wir uns gebaut haben – ob sie nun aus Gold, aus Pappe oder nur aus mit billigem Goldpapier überzogener Pappe besteht –, weil das uns innerhalb einer geringen Bandbreite meist genau das liefert, was wir erwarten. Fast immer ziehen wir das Bekannte dem Unbekannten vor, weil es das ist, was wir Menschen nun einmal tun, trotz der Sehnsucht nach totaler Hingabe, die unser Herz verspürt.

Die Realität bietet uns – und steht für – die einzigartige Möglichkeit, das Lebendigsein zu erfahren, uns selbst vollkommen und ganz ohne Puffer im Angesicht der rauen Unsicherheit und Verletzlichkeit zu erfahren, die unser Menschsein ausmacht. Darum investieren wir in die Realität – so kostbar und so wahrhaft grauenhaft sie manchmal auch sein mag –, weil das unsere einzige Hoffnung ist, als reale Menschen zu leben. Wir erklären uns einverstanden, auf jedem nur möglichen Gebiet zu versagen und zu verlieren, und zwar einzig und allein deshalb, weil wir auf diese Weise erfahren können, was es bedeutet, lebendig zu sein.

In den Worten von Arnaud Desjardins bedeutet in die Realität investieren „ja zum Leben sagen". „Ja" zum Leben sagen bedeutet, dass wir bereit sind, das Leben zu den Bedingungen des Lebens und nicht zu unseren eigenen Bedingungen zu akzeptieren. Ja zum Leben sagen wir entweder, wenn wir oft genug versagt haben, verloren haben oder auf die Nase gefallen sind, um zu wissen, dass „wir" es nicht richtig machen können und das Leben nicht so funktioniert, wie die heile Welt des Films es uns verspricht, oder nachdem wir einen Blick auf Gott erhascht haben, der lange genug gedauert oder oft genug stattgefunden hat, um uns darauf vertrauen zu lassen, dass Er bessere Arbeit mit uns leistet, als wir selbst es können.

Das Universum besitzt eine Intelligenz, die zu erfahren sich nur wenige trauen, weil wir zu sehr mit dem Versuch beschäftigt sind, alles zu kontrollieren. Die Intelligenz des Universums ist im menschlichen Körper bewiesen, der die Fähigkeit besitzt, sich beinahe völlig selbständig zu regulieren und zu heilen, der seine Zellen alle sieben Jahre erneuert und auffrischt, der die Menschheit selbst erneuert, der die Möglichkeit sexueller Gemeinschaft zwischen den Menschen schafft. Die Intelligenz des Universums ist in der gesamten Natur fühlbar und ohne jede Frage vorhanden – in der Natur, die uns alles gibt, was wir brauchen, um zu überleben, zu gedeihen oder uns selbst zu zerstören, wenn wir diese Entscheidung denn treffen; in der Natur, die uns nährt, die ein so vollkommenes Ökosystem erschaffen hat, wie es kein Mensch hätte ausdenken können. Und die Intelligenz des Universums ist sogar im Geist der Menschen gegenwärtig, in dem scheinbar rückwärts gerichteten Ego, das uns sowohl binden als auch befreien kann. Die Tatsache, dass das Universum diese Intelligenz besitzt, ist für jeden von uns mehr oder weniger offenbar, und trotzdem zweifeln wir unaufhörlich an ihr, scheitern darin, sie wahrzunehmen, und misstrauen ihr zugunsten unserer eigenen egozentrischen Intelligenz.

Ram Dass sagte vor kurzem in einem Interview: „Dein Glaube beschützt dich." Er sagte nicht, dass das Universum oder ein kosmischer Schutzengel uns beschützt. Er sagte, dass der *Glaube* uns beschützt. Der Glaube ist jedoch nichts, was uns geschieht, sondern etwas, das wir aktiv tun. Wir handeln zuerst, und das Leben reagiert danach. Wir geben unseren Glauben Gott, dem LEBEN oder der WAHRHEIT, und dann ist es durchaus denkbar, dass der Glaube selbst uns in seine Arme nimmt. Denn wenn wir den Glauben haben – und auch hier geht es nicht um eine kosmische, versponnene, geistige Struktur, die wir in unserem Geist erschaffen, sondern darum, dass wir uns von ganzem Herzen dem Universum ausliefern –, dann vertrauen wir bereits darauf, dass alles, was hier und jetzt geschieht, tatsächlich der WILLE des UNIVERSUMS, ja sogar der WILLE Gottes selbst ist. Wir wenden uns nicht von dem ab, was das Leben uns bringt, weil wir glauben, dass wir es besser können als das Leben, oder weil wir glauben, dass unsere höchste menschliche Möglichkeit erfüllt sein wird, wenn wir herausfinden können, wie wir das Leben so manipulieren können, dass es das tut, was wir wollen. Statt dessen sagen wir ja zum *Leben, wie es ist,* und unser Glaube selbst wird zu unserem Schutz und unserer Zufriedenheit.

***

Wenn wir die Realität zu ihren eigenen Bedingungen und so akzeptieren, wie sie ist, dann haben wir eine Chance, wahres Mitgefühl zu entwickeln. Die meisten Menschen sind zur Güte fähig und handeln auch danach, aber wenige lassen sich auf Augenblicke wirklichen Mitgefühls ein (obwohl viele diese Rolle spielen können). Wahres Mitgefühl wird zu einem wesentlichen Bestandteil unserer andauernden menschlichen Erfahrung, wenn wir zugelassen haben, dass wir im Leben versagen, und die Realität so akzeptiert haben, wie sie ist. Nur dann können wir uns selbst als wahrhaft gleich mit anderen Menschen erfahren; nur dann können wir aufhören, uns nach ausschließlich positiven Erfahrungen zu sehnen und uns an sie zu klammern; und nur dann können wir aufhören, uns von dem abzuwenden, was unser verschlossenes Herz bedroht. Wir können nur dann mitfühlende Menschen sein – im Gegensatz zu „willkürlichen Akten liebevoller Güte" hier und da –, wenn wir bereit sind, die Rauheit und die oft scharfen Kanten der Realität immer und immer wieder zu ertragen.

Bei unserer Investition in die Realität geht es um unsere Fähigkeit, die richtige Beziehung zum Leben einzugehen. Wenn wir unser Gefühl für Sinn und Bedeutung, unsere Träume, unsere eingebildeten Hoffnungen auf Erleuchtung und Erlösung und jeden noch so schwachen Anschein von Vertrauen in die Fähigkeit unseres Ego zur Selbsterfüllung „verloren" haben, dann kann die Versuchung sehr groß sein, in eine Art von spiritueller und existentieller Depression zu verfallen, wie es bei Nietzsche und anderen der Fall war. Trotz des Verlustes von Sinn und Bedeutung und sogar der vermeintlichen

Freiheit selbst bleibt aber zu jedem Menschen, jedem Objekt und jedem Umstand im Leben eine rechtmäßige Beziehung bestehen. Auch wenn die Beziehung zum Leben bar jeden Sinns und Zwecks und sogar jeder spirituellen Belohnung bleibt, ist sie in und aus sich selbst heraus doch harmonisch und vollständig und birgt daher, wenn sie richtig gelebt wird, eine ihr eigene Zufriedenheit. Diese Zufriedenheit rührt nicht daher, dass Sie oder andere sich so oder so fühlen oder dass Sie das tun, was „richtig" oder „gut" ist, sondern allein daher, dass Sie eine ganz und gar verantwortungsvolle Beziehung zum Leben selbst eingegangen sind. Die richtige Beziehung zum Leben ist eine Frage der Dankbarkeit und nicht des Mangels. Statt zu versuchen, etwas zu bekommen oder irgendwie erfolgreich zu sein, verstehen wir, dass das Leben selbst – mit seinen unendlich vielen Enttäuschungen – das Geschenk ist und dass wir es in Dankbarkeit empfangen können, indem wir es als das ehren, was es ist.

Ein weiteres Geschenk der Investition in die Realität liegt darin, dass wir die Eigenschaft der Klarheit entwickeln. Wenn Menschen sich auf den spirituellen Weg begeben, dann träumen sie von Erleuchtung und Freiheit vom Leiden. Oft klammern sie sich auch nach Jahrzehnten auf dem Weg noch an Hoffnungen von kosmischen Visionen oder spirituellen Kräften, während sie zugleich den Wert einfacher Klarheit untergraben. Wenn man den Weg des Versagens gegangen ist und die Fratzengesichter und Diebe sehr gut kennt, die in jedem internen Winkel des Geistes herumhängen, dann wird die Möglichkeit, klar zu sehen, zu einem der allerwertvollsten Schätze. Wenn wir den Wert und das Geschenk schmuckloser Realität erkennen und uns bewusst wird, wie schwer es ist, sie wirklich zu sehen und *uns selbst* in Beziehung zu ihr zu sehen, dann schätzen wir die Möglichkeit des Klarsehens weit mehr als imaginäre Erleuchtung und Visionen. Klarheit ist Klarsehen in die Realität, und die Realität ist das einzige, was uns jemals wirklich zufrieden stellen wird.

Allerdings kann man die Realität *nicht* betrügen. Die meisten Menschen (und ich nehme mich selbst davon keineswegs aus!), die den Weg des Versagens und die Möglichkeit des Gewinnens durch Verlieren begreifen, treten sofort in Verhandlungen ein. Unbewusst denken sie: „Ich finde heraus, wie es geht, dass es wirklich so aussieht, als hätte ich verloren und versagt und meine Verluste anerkannt und die Realität so akzeptiert, wie sie ist, damit ich die Früchte ernten kann." Das tun wir tatsächlich. Wir versuchen, den Weg des Versagens nachzuahmen oder so zu tun, als hätten wir die Realität akzeptiert, weil wir glauben (oder zumindest verzweifelt glauben wollen), dass die Realität sich durch unsere Possen tatsächlich an der Nase herumführen lässt und uns ihre echten Schätze gegen vorgetäuschte Bezahlung übergibt. Um es noch einmal zu sagen: Entweder glauben wir, wir selbst seien Gott, oder wir glauben, dass wir Ihn austricksen können. Wir Menschen sind ziemlich spaßige Geschöpfe, und wir sollten versuchen, über uns selbst zu lachen, denn die Realität wird sich mit Sicherheit nicht von uns zum Narren halten lassen, ganz gleich, was wir tun!

***

Schließlich investieren wir durch unsere Investition in die Realität auch in uns selbst. Für einige von uns ist die Vorstellung eines Lebens in Mitgefühl, Wahrheit und Selbstlosigkeit ganz einfach zu überwältigend. Womöglich fällt es uns leichter, wenn wir uns vorstellen, dass es ein selbstsüchtiger, gewinnträchtiger Vorschlag ist, in dem wir jedoch, statt nach finanziellem oder materiellem Gewinn zu suchen, in die wertvollste Handelsware investieren wollen, die es gibt, die man mit Geld jedoch nicht kaufen kann, weil sie in uns existiert. Wir investieren in unsere angeborenen, aber verborgenen Fähigkeiten, der Mensch zu sein, der wir sein wollen und unter den unendlich vielen Schichten von lieblichem und auch weniger lieblichem Mist, mit dem wir uns umgeben haben, unserer Wesensnatur nach auch sind. Wir können es als unser Höheres Selbst oder unser Wahres Selbst bezeichnen oder ihm jeden anderen beliebigen phantasievollen Titel verleihen, aber wir können es auch ganz einfach als das betrachten, was wir sind, wenn wir aller Falschheit beraubt sind.

Wir scheitern, und wir scheitern in jedem Phantasietraum, den wir für uns selbst geträumt haben, indem wir unermüdlich versuchen, in die Möhre zu beißen, die vor unserer Nase baumelt, bis wir am Ende feststellen, dass sie nicht mehr als ein Trugbild war. Und in unseren Misserfolgen – über Momente oder ganze Lebenszeiten – lernen wir durch Erfahrung, was nicht real ist, was keine Erfüllung bringt, was uns immer enttäuschen wird und was unsere eigenen Begrenzungen sind. Wir gewinnen, indem wir jedes Fünkchen Sinn und alle Wünsche, Phantasievorstellungen, Projektionen und Ideale verlieren, die wir geschaffen und an denen wir festgehalten haben in unserem Wunsch nach einer anderen Art von Freude als der, die uns rechtmäßig gehört. Zuletzt sehen wir uns nackt, aber heil und endlich bereit, in der Fülle unseres kostbaren Menschseins zu stehen.

Kapitel 15

Das Versagen des Versagens

Aus einem bestimmten Blickwinkel betrachtet ist das Versagen real, und wir sollten uns diesbezüglich nichts vormachen. Wenn wir unser Kind beschämen oder die Menschen verletzen, die wir lieben, haben wir versagt. Wir versagen, wenn wir andere töten, und wir versagen auch dann, wenn wir sie wegen unserer eigenen Selbstsucht „nur" auf subtile Weise manipulieren. Wie Joan Halifax es mit ihrem Satz – „im Zen bin ich eine Versagerin" – zum Ausdruck brachte, versagen wir jeden Tag hundert oder sogar tausend Mal. Wir versagen, und wir sollten uns aus der Tatsache, dass wir versagen, nicht herausreden, indem wir sie mit ein paar positiv gedachten Begründungen über den höchsten Erfolg hinwegfegen. Versagen können wir nur dann, wenn wir darin versagen, uns selbst das Versagen zu erlauben. Das klingt zwar ziemlich komplex, aber wir wollen es einmal ein wenig näher betrachten.

Das Versagen ist unvermeidlich, doch für bewusstes Versagen gibt es keinerlei Garantie. Es gibt keine Garantie dafür, dass wir uns als Menschen unserem Versagen zuwenden und es auf eine Weise benutzen können oder wollen, dass „es" versagt und wir, indem wir dieses Versagen zulassen, letztlich erfolgreich sind. Das Versagen verspricht, unser Lehrer zu sein, doch auch der großartigste Lehrer kann einem unwilligen Schüler nichts beibringen. Daher wird das Versagen zwar immer bereit sein, uns in den unvermeidlichen Erfolg hinein im Stich zu lassen, doch das kann es nur tun, wenn wir voll und bereitwillig mitarbeiten.

Anders gesagt, das Versagen des Versagens hängt von unserer wachsenden Fähigkeit und Bereitschaft ab, uns gänzlich auf die Domäne menschlicher Zerbrechlichkeit und Begrenztheit einzulassen – wovon in diesem kleinen Buch nur einige wenige Beispiele angesprochen wurden. Wir werden versagen – ganz gleich, was wir tun –, aber wir können *zulassen*, dass wir versagen, und genau dieses

Zulassen wird unser Versagen verändern: Von etwas, das außerhalb von uns ist, von dem wir uns lossagen und das wir dadurch zurückweisen müssen, wird es zu etwas, das in unsere Erfahrung eingeschlossen ist und so in die Ganzheit unserer Existenz integriert werden kann.

Das Versagen versagt, wenn wir unser Versagen für uns *arbeiten* lassen. „Wie man sich bettet, so liegt man", werden wir oft von den inneren und äußeren „Ich-habe-es-dir-ja-gesagt"-Kritikern getadelt. Wir stellen uns ein Bett aus Nägeln vor, das wir aufgrund unserer Missetaten eine schlaflose Nacht lang ertragen müssen, verkennen dabei aber völlig, dass ein Bett aus Nägeln auch als eine Matratze aus Rosenblütenblättern erfahren werden kann, wenn wir uns nur sanft genug darauf legen.

Einmal habe ich geträumt, dass ich von Gott selbst auf zarte und süße Weise verzaubert und verführt würde. Im Augenblick meiner „Eroberung" wurde plötzlich ein Schlauch in meine Nase geschoben, und Er begann wie verrückt, sämtliche Giftstoffe in Form von dunklem Eiter aus meinem Körper herauszusaugen. Die ganze übelriechende Flüssigkeit tropfte um uns herum auf den Boden. Als es Zeit war, die Schweinerei wieder zu beseitigen – was ich tun wollte, denn schließlich war ich im Haus Gottes –, reichte man mir einen Besen, und ich erkannte, dass ich getrocknete Blütenblätter einer Blumenmala aus Rosen zusammenfegte, die Gott als Geschenk dargeboten worden war.

Damit will ich sagen, dass jedes Versagen, das einem höheren Zweck dargeboten wird – den wir Gott, TRANSFORMATION, LIEBE oder wie auch immer nennen können –, zu potentieller Energie für die Reinigung unseres Menschseins wird. Das heißt nicht, dass wir unser Versagen in einem phantasievollen kosmischen Ritual darbieten müssen oder dass jedes Versagen seiner eigenen Zeremonie der Intention und Erneuerung bedarf, um zu einem wirksamen Bestandteil der Transformation zu werden. Statt dessen kann der Prozess so gewöhnlich und unkompliziert sein wie das einfache und innere Hinwenden zur Tatsache unseres Versagens und zu der Absicht, es in den Dienst unseres eigenen Menschseins zu stellen.

***

Die Buddhisten glauben, dass die Geburt im Reich des Menschen die höchste mögliche Geburt ist – sogar höher als die Geburt im Reich der Götter oder der Engel –, weil nur der Mensch die notwendige Verbindung aus Gnade und Leiden besitzt, die ihn dazu motiviert, die ungebändigte Quelle seiner Erfahrung zu entdecken. Das menschliche Reich ist ein Reich des Versagens. Unser Versagen ist der geheime Einlass zu einer Schatzkammer, wenn wir uns selbst nur den Zutritt zu dieser Kammer gestatten. Als ich mit einem spirituellen Meister durch Mexiko reiste, wurde er gefragt, ob er einige Ruinen besuchen und die Reliquien einer heiligen Tür sehen wolle. „Wir schauen die ganze Zeit auf die heilige Tür", antwortete er. „Warum müssen wir zu ein paar Ruinen gehen, um das zu sehen, was wir die ganze Zeit gar nicht sehen wollen?" Unser Versagen wartet auf uns. Es bittet uns darum, nach seinen Reichtümern zu graben.

In meinem Leben gab es einen Punkt, an dem ich kurz davor war, etwas zu tun, das allem Anschein nach völlig unsinnig war – als würde ich am Rand einer Klippe stehen, nach unten auf einen Ozean schauen, in dem es vor hungrigen Piranhas nur so wimmelte, und beschließen hineinzuspringen, nur um herauszufinden, ob sie vielleicht mit mir spielen würden, statt mich zu fressen. Damals sagte ich zu meinem Lehrer, der während dieser Phase meines Lebens besonders gut über mich wachte: „Wenn hundert Leute in diesen Teich mit Piranhas gesprungen sind und gefressen wurden, warum sollte ich es dann auch tun?"

„Weil *du* nicht weißt, dass du gefressen wirst", sagte er.

„Aber die Statistiken wissen es", beharrte ich. „Warum zum Teufel sollte ich bewusst diese Entscheidung treffen, wenn mir klar ist, dass ich eine Katastrophe heraufbeschwöre, auch wenn ich es nicht wirklich ‚weiß'?"

„Weil du aus dicscm Grund hier bist."

Aus diesem Grund bin ich hier, und aus diesem Grund sind wir alle hier. Wir sind hier, um ein Risiko einzugehen, um zu springen, um Nahrung für hungrige Piranhas zu sein, die uns dann in den Ozean des Lebens spucken oder scheißen. Ganz plötzlich wurde mir klar, dass ich, wenn ich mich auf den echten Prozess wahrer Transformation einlassen wollte, nun anfangen würde, Entscheidungen zu treffen, die bewussten Herzensbruch, bewusstes Scheitern und das Eingehen bewusster Risiken mit sich brachten, die in vielen Fällen Verlust bedeuten würden.

Allmählich erkannte ich, dass es einen Prozess der Transformation gibt, in dem Menschen Situationen von Leid, Verlust und Herzensbruch zu einem ganz bestimmten Zweck herbeiführen, und zwar nicht aufgrund alter neurotischer Muster, um Leiden, Missbrauch in der Kindheit oder unvollendete psychologische Zyklen für alle Zeiten festzuschreiben, sondern aus einem inneren Reich der Ganzheit heraus. Sie suchen das Versagen, erschaffen das Versagen und gehen in das Versagen hinein, weil sie sogar aus ihrer Fülle heraus die einmalige Chance spüren, die eine noch größere Aufopferung birgt. Der sichere „Tod" des Versagens verspricht ihnen die Chance zu einem bisher ungelebten Leben.

Wie ich schon sagte, ist *bewusstes Leiden* der Prozess, in dem Menschen die ganz bewusste Entscheidung treffen, sich in eine Domäne des menschlichen Leidens hineinzubegeben, um sie als Mittel und Medium für das erstrebte Ziel der persönlichen oder spirituellen Transformation zu nutzen. Obwohl spirituelle Traditionen diese Form des Leidens oft als überholt betrachten – als den fehlgeleiteten Ausdruck jüdisch-christlicher Schuld, Sünde und Buße, der weder auf Gott zutrifft noch dem höheren oder niedrigeren Wohl dient – und obwohl es sicher auch zu diesem Zweck eingesetzt wurde, birgt genau diese Form des Leidens aber vielleicht auch die Chance zu etwas, das weit unterhalb und jenseits jeder Vorstellung von Sünde liegt.

Wir wollen einmal in Betracht ziehen, dass Gott Seine Schöpfung möglicherweise nicht nur hervorbringt und sich daran erfreut, sondern dass Er (in seinem eigenen Versagen?) auch für die Menschheit leidet. Dass das unausweichliche Leiden der Menschen eine Quelle unvorstellbar großen Kummers für Gott ist, auch wenn es notwendig war, eine Situation unermesslich großer Verwirrung, Herausforderung und Not zu erschaffen, damit die Menschen sich endlich selbst erfahren können. Und was wäre, wenn es für die Menschen eine Möglichkeit gäbe, eine so enge Beziehung zu Gott einzugehen – ein so loyaler Diener, Verbündeter oder Liebender zu werden –, dass man sie mit der kostbaren Aufgabe betrauen könnte, dieses Leiden mit Gott zu teilen? Was, wenn durch unsere Bereitschaft, Gott oder der WAHRHEIT zu dienen, unsere einst begrenzte und gefesselte menschliche Fähigkeit unbegrenzt ausgedehnt werden könnte – wirklich unendlich –, um das Leiden der Menschheit aufzunehmen?

Es gibt eine sehr ungewöhnliche Geschichte über die verstorbene indische Heilige Mutter Krishnabai, Nachfolgerin von Papa Ramdas in Anandashram. Mutter Krishnabai war bekannt für ihr intensives, oft rücksichtsloses Mitgefühl und für ihre nahezu beispiellose Fähigkeit zur Barmherzigkeit mit den Menschen. [Ein schöner Bericht über ihr Leben ist in dem Buch *Guru's Grace* enthalten. Dieses Buch fand ich so ungewöhnlich, dass ich einmal, als ich darüber sprach, sogar angeboten habe, jedem, der es sich selbst nicht leisten konnte, persönlich eine Ausgabe zu kaufen!] An einem bestimmten Punkt ihres Lebens bat sie Gott, allen Kummer und alles Leiden der gesamten Menschheit in ihrem eigenen Körper aufnehmen zu dürfen. Sehr schnell wurde sie schwer krank und starb neun Monate später. Skeptiker und verzweifelte Schüler argumentierten, dass sie versehentlich vergessen habe, Gott auch um die Fähigkeit zu bitten, das Leid ertragen zu können, das sie fühlen wollte, aber wahrer ist wohl, dass ihr die Möglichkeit, ihr Leid sowohl zu spüren als auch zu ertragen, nicht gewährt werden konnte, und dass Gott ihr daher gnädig ihren Wunsch erfüllte, weil Er wusste, dass ihr völlig klar war, worum sie gebeten hatte. Den meisten von uns ist es nicht bestimmt, wie Mutter Krishnabai zu sein, aber wir alle wurden geboren, um zu versagen.

***

Was wäre, wenn das Versagen eine wilde Maskerade für den Erfolg und der Erfolg eine wilde Maskerade für das Versagen wäre? Was wäre, wenn Gott oder die WAHRHEIT (in dem Wissen, wie sehr die Menschen nach Erfolg streben, und auch wissend, wie häufig sie versagen) wahren „Erfolg" innerhalb des Versagens verborgen hätte, so dass jeder – unabhängig davon, wer er ist und welches seine Umstände sind – die Chance hat, den höchsten Sieg zu erringen? Was wäre, wenn das Versagen das ist, wonach wir in Wirklichkeit die ganze Zeit über gesucht haben? Schließlich opfert der Bodhisattva des Mitgefühls seine eigene Erleuchtung, bis alle Menschen befreit sind, obwohl er genau weiß, dass das niemals geschehen wird. Sein bewusstes Versagen ist seine Opfergabe an die gesamte

Menschheit. Wenn wir zulassen, dass wir den Herzensbruch im Kummer und in der Freude des menschlichen Zustandes spüren, und zwar genauso, wie er uns gegeben wird, dann haben wir Anteil an der Berufung des Bodhisattva und öffnen uns für den Nektar und die Freude wahren Mitgefühls. Was wäre, wenn es darum beim Versagen wirklich geht…?

Bibliographie

Anderson, S. R. and Paul Ray: *The Cultural Creatives*, New York: Harmony Books, 2000.

Caplan, Mariana: *Auf halbem Weg zum Gipfel der Erleuchtung*, Petersberg: Via Nova, 2002.

– *Untouched: the Need for Genuine Affection in an Impersonal World*, Prescott, Arizona: Hohm Press, 1998.

– *When Sons and Daughters Choose Alternative Lifestyles*, Prescott, Arizona: Hohm Press, 1996.

Cohen, Andrew: *Eine absolute Beziehung zum Leben*, Köln: E. Schmidt, 1998.

Desjardins, Arnaud: In Liebe gemeinsam wachsen, Freiburg im Breisgau: Bauer, 1989.

Feuerstein, Georg: *Tantra: the Path of Ecstasy*, Boston: Shambhala, 1998.

Johannes vom Kreuz: *Die dunkle Nacht der Seele*, Salzburg: O. Müller, 1955.

Jung, C. G.: *Erinnerungen, Träume, Gedanken*, Freiburg im Breisgau: Walter, 1992 (Sonderausgabe, 8. Auflage).

Kapleau, Philip Roshi: *Der vierte Pfeiler des Zen*, München: Barth, 1997.

Kornfield, Jack: *Geh den Weg des Herzens*, München: Kösel, 1997.

Ladinsky, D. (Hrsg.): *The Gift: Poems by Hafiz the Great Sufi Master*, New York: Penguin/Arkana, 1999.

– *I Heard God Laughing: Renderings of Hafiz*, Walnut Creek, CA: Sufism Reoriented, 1996.

Lewis, R.: *The Perfection of Nothing: Reflections on Spiritual Practice*, Prescott, Arizona: Hohm Press, 2000.

Lozowick, Lee: *Die Alchimie der Wandlung*, Overath: Argos, 1993.

Mitchell, S. (Hrsg.): *The Selected Poetry of Rainer Maria Rilke*, New York: Vintage International, 1989.

Ring, Kenneth: *Im Angesicht des Lichts*, München: Hugendubel, 1999.

Ryan, Regina Sara: *The Woman Awake: Feminine Wisdom for Spiritual Life*, Prescott, Arizona: Hohm Press, 1998.

Shaw, Miranda: *Erleuchtung durch Ekstase: Frauen im tantrischen Buddhismus*, Frankfurt am Main: Krüger, 1997.

Svoboda, Robert: *Aghora*, Albuquerque, New Mexico: Brotherhood of Life, 1986.

– *Aghora III: the Law of Karma*, Albuquerque, New Mexico: Brotherhood of Life, 1997.

Trungpa, Chogyam: *Spirituellen Materialismus durchschneiden*, Berlin: Verlag Theseus, 1996.

– *The Path is the Goal*, Boston: Shambhala, 1995.

Turner, Colin: *Layla and Majnun (by Nizami)*, London: Blake Publishing Ltd., 1997.

Tweedie, Irina: *Der Weg durchs Feuer*, Interlaken: Ansata, 1989.

– *Wie Phönix aus der Asche*, Reinbek bei Hamburg: Rowohlt, 1992.

Vaughan-Lee, Llewellyn: *The Circle of Love*, Inverness, CA: The Golden Sufi Center, 1990.

Welwood, John: *Toward a psychology of Awakening*, Boston: Shambhala, 2000.

Kompetente Stimmen
zu „Verwandle Misserfolg in Erfolg"

Ein Werk voll zarter Weisheit, wahrer Führung und mitfühlender Richtungsweisung für diejenigen unter uns, die in Selbstverurteilung und Schuld gefangen sind, besonders diejenigen, die den spirituellen Weg gehen. Es hat eine möglichst große Leserschaft verdient.

— Joseph Chilton Pearce
*Verfasser von **Die magische Welt des Kindes und***
Die eigene Welt des Kindes

Dieses Buch fordert eine Revolution in der spirituellen Literatur unserer Zeit. Es wird ganz dringend gebraucht, um die rührseligen „spirituellen" Phantasielehren auszugleichen, bei denen man sich immer nur die Rosinen herauspickt und die als Wahrheit im gegenwärtigen Trend der spirituellen Erfolgswelle durchgehen.

— Richard Beaumont
*Mitbegründer und Herausgeber des **Kindred Spirit Magazine***

Ich stimme der Botschaft dieses Buches zu. Ich bin mit einer Mutter aufgewachsen, die diese Botschaft in Worte fasste, als ich vor Schwierigkeiten im Leben stand, und heute nehme ich sie in meiner Arbeit wahr. Wenn ich auf Probleme stieß, lehrte mich meine Mutter: „Das sollte so sein. Gott schickt dich in eine andere Richtung. Es wird etwas Gutes dabei herauskommen." Sie und Mariana haben recht!

— Dr. Bernie Siegel
*Verfasser von **Prognose Hoffnung** und **Mit der Seele heilen***

Mariana Caplan

Auf halbem Weg zum Gipfel der Erleuchtung

*Die Gefahren und Irrtümer
verfrühter Ansprüche,
erleuchtet zu sein*

Welches sind die Maßstäbe für Erleuchtung? Werden wir jemals ganz oben auf dem Gipfel ankommen? Welche Fallen und Krisen erwarten uns auf dem Weg zum Gipfel? Diesen und vielen anderen Fragen ist Mariana Caplan in dem vorliegenden Buch nachgegangen.

Zu diesem Zweck studierte sie die Schriften berühmter spiritueller Lehrer aus allen Epochen, unter ihnen Johannes vom Kreuz, Carlos Castaneda, Chogyam Trungpa und viele andere.

Des weiteren führte sie viele persönliche Interviews mit bekannten spirituellen Meistern unserer heutigen Zeit. Die vielen authentischen Zitate von großen Lehrern und Erleuchteten sind eine Fundgrube für spirituelle Weisheit.

Dieses Buch beschreibt offen alle Fallgruben und Hindernisse, die den Menschen auf seinem spirituellen Weg begegnen können. Es zeigt uns, wie Macht und Korruption unser Ego verführen und welche Krisen uns auf unserem Weg erwarten.

Das Buch ist eine eindringliche Warnung vor falschen und verfrühten Ansprüchen an die Erleuchtung, zeigt aber zugleich auch Wege auf, wie man den Fallen des eigenen Ego auf dem spirituellen Pfad entgehen und durch Ernüchterung und Demut wieder zu einem wahren spirituellen Leben zurückfinden kann.

280 Seiten, Paperback, ISBN 3-928632-95-7

Weitere Bücher aus dem Verlag Via Nova:

Wohin unsere Sehnsucht führt

Mystik im 21. Jahrhundert
Ansprachen, Predigten, Inspirationen

Willigis Jäger

328 Seiten, Paperback – ISBN 3-936486-21-2

Der bekannte Benediktinerpater und Zen-Meister Willigis Jäger legt eine Sammlung von Texten vor, die um einen einzigen Themenkomplex kreisen: das Göttliche und den Menschen in seinem Verhältnis zum Göttlichen. Um diese mystische Erfahrung dem Leser nahe zu bringen, macht der Verfasser immer wieder deutlich, dass Jesus die Menschen in diese Fülle des Lebens führen wollte. Er interpretiert die biblischen Aussagen unter diesem Gesichtspunkt völlig neu und vermittelt damit den suchenden Menschen unserer Zeit, die sich von den traditionellen Glaubenslehren nicht mehr genügend angesprochen fühlen, tiefere Einsichten und neue Perspektiven von Gott, Religion und Welt. Gleichzeitig werden aus der mystischen Tiefe kommende Anweisungen und Lebenshilfen für die Bewältigung des Alltags gegeben. Willigis Jäger formuliert das, was er seinen Kursteilnehmern und den Lesern als Wegbegleitung auf dem Weg nach innen zu sagen hat, in einfachen Worten, kurzen, klar verständlichen Sätzen ohne jeden rhetorischen Schmuck.

Ken Wilber – Denker aus Passion

Eine Zusammenschau

Frank Visser

312 Seiten, Hardcover – ISBN 3-936486-00-X

Im Werk des Philosophen Ken Wilber gehen alle bedeutenden Themen der großen philosophischen und spirituellen Traditionen der Menschheit eine eindrucksvolle Synthese ein. Wilber ist ein passionierter Sucher nach der Wahrheit und einer der letzten großen Systemphilosophen, der Wissenschaft und Religion, Kunst und Kultur, Ost und West miteinander verbindet und in eine umfassende Perspektive der Evolution stellt. Der Autor dieses Buches zeichnet nicht nur das Entstehen und den Werdegang der Bücher von Wilber auf, er stellt nicht nur das Gesamtwerk des großen Bewusstseinsforschers dar, sondern beleuchtet auch die Geschichte hinter seinen Gedanken und Erkenntnissen. Er beschreibt eindringlich den Lebenslauf von Wilber bis in die Gegenwart, die Motive, die Wilber zur Auswahl seiner Themen veranlasst haben, die intellektuellen und persönlichen Krisen seines Lebens und nicht zuletzt seine persönliche spirituelle Erfahrung. Frank Visser hat Wilber in der Vorbereitungszeit zu diesem Buch einige Male persönlich besucht und ausführliche Interviews mit ihm geführt.

Wandlung durch Einsicht

Die Enneagrammtypen im Leben, in der Literatur und in klinischer Praxis

Claudio Naranjo

416 Seiten, Paperback – ISBN 3-928632-57-4

Claudio Naranjo bezieht sein Wissen über das Enneagramm unmittelbar von Oscar Ichazo und hat auch die praktische Arbeit ein Jahr lang mit ihm erlebt. Er ist derjenige, der das Enneagramm in den Westen brachte und es auch zuerst unterrichtete. Dieses Meisterwerk der Studien über das Enneagramm bietet eine großartige Integration von Charaktereinblicken aus Therapie, Literatur und historischer Biographie. Obwohl reich an Analytik, ist das Buch niemals schwer oder psycho-pathologisch. Naranjo ist, wie Sokrates, ein Geburtshelfer der Seelen, und er kombiniert klinische Klarheit mit einem seltenen Geschmack für die Leidenschaft und Poesie der Sprache. „Ich sehe Dr. Naranjos Buch als fruchtbaren Beginn einer neu entstehenden, charakterorientierten Psychotherapie." (Prof. Mirko Fryba)

You can change the world
Wie kann ich die Welt verändern?
Anleitung zum persönlichen Handeln

Ervin Laszlo

168 Seiten, Hardcover – ISBN 3-936486-23-9

Mit diesem Buch will Ervin Laszlo als Präsident des Club of Budapest einen praktischen Leitfaden anbieten für alle jene Menschen, die einen ganz persönlichen Beitrag zu einer besseren Welt leisten möchten. Es ist ein Leitfaden, der das Denken und Handeln miteinander verbindet. Er reicht von der Frage, welche ethischen Werte der Realität einer zusammengewachsenen Menschheit gerecht werden können, bis zu der Frage, mit welchen Gedanken, Haltungen und Handlungen wir zu aktiven und wirkungsvollen Mitgestaltern unseres gemeinsamen Schicksals auf dieser einen Erde werden können. Ein im doppelten Wortsinne notwendiger und überaus ermutigender Leitfaden aus der Ohnmacht heraus. Im Anhang finden sich ferner die beiden vielleicht wichtigsten Ethik-Dokumente der Gegenwart: die Erd-Charta sowie die Weltethos-Erklärung. „Lesen Sie dieses Buch und denken Sie darüber nach. Dies ist wichtig für Sie, für Ihre Familie, für Ihre Kinder und Enkel, für Ihre Freunde, für jeden um Sie herum." Michail Gorbatschow

HOLOS –
die Welt der neuen Wissenschaften
Ervin Laszlo

208 Seiten, Hardcover – ISBN 3-928632-94-9

In den Wissenschaften findet eine Revolution statt. Es ist keine technologische Revolution – es ist eine Revolution des Weltbildes. Prof. Laszlo verfolgt diese Entwicklung und macht sie jedem zugänglich, der an den neuesten Erkenntnissen darüber teilhaben möchte, wer und was wir sind, was die Welt ist, die uns umgibt, und auf welche Weise wir in Beziehung zueinander und zu dieser Welt stehen. Zunächst unternimmt der Leser eine faszinierende Reise durch die neuen Wissenschaften. Er erfährt in einfacher Sprache, was Wissenschaftler bereits wissen und vor welchen Rätseln sie im Hinblick auf den Kosmos, das Quantum, den lebenden Organismus und das menschliche Bewusstsein immer noch stehen. Dann erforscht der Verfasser diese Welt, indem er Fragen stellt, auf die er nun zuversichtliche, wenn auch überraschende Antworten geben kann – Fragen, bei denen es um Ursprünge und Bestimmung des Universums und um Ursprung und Evolution des Lebens und des Bewusstseins geht –, um dann die größten der „großen Fragen" zu stellen: Fragen der Unsterblichkeit, zum Bewusstsein im Kosmos und zu einem Bewusstsein, das eine wissenschaftlich basierte Schau als den Geist Gottes erfassen kann.

Durch Energieheilung zu neuem Leben
Atlas der Psychosomatischen Energetik

Dr. med. Reimar Banis

380 Seiten, Hardcover, Großformat, vierfarbig – ISBN 3-936486-15-8

Jeder Mensch, der mehr über sich, seinen unbewussten Charakter erfahren möchte, kann von diesem Buch nur profitieren. Der Leser findet Informationen aus allen Kultur-Epochen und spirituellen Disziplinen über die Lebensenergie, die Chakras und deren herausragende Bedeutung für Gesundheit, Lebensfreude und Sinnfindung im Leben. Der Autor verbindet das naturwissenschaftliche Weltbild mit Erkenntnissen der modernen Energiemedizin und uralter spiritueller Erkenntnisse. Ein neues Weltbild wird sichtbar, in dem die seelische Evolution des Einzelmenschen den eigentlichen Schlüssel darstellt. Dr. Banis schildert ein neues, einfaches System der Energiemedizin, das er entdeckt hat, um Energieblockaden in kürzester Zeit zu erkennen und zu heilen – die Psychosomatische Energetik.

Die Vision vom göttlichen Menschen

Eine spirituelle Weg-Begleitung in das neue Jahrtausend

Barbara Schenkbier

424 Seiten, Paperback, 21 ganzseitige Bilder – ISBN 3-928632-68-X

Prachtband: 424 Seiten, geb., Einband Kunstleder mit Goldaufdruck,
21 ganzseitige Bilder, Zweifarbendruck – ISBN 3-928632-18-3

Das Buch ist ein umfassendes Standardwerk, das den Durchbruch einer neuen Evolutionsstufe im Bewusstsein des Menschen vorbereiten hilft. Aufbauend auf wissenschaftlichen Erkenntnissen und der mystischen Tradition aller Religionen führt es zu einem tieferen Wissen über das menschliche Bewusstsein, um dann den Weg zum göttlichen Menschen zu beleuchten. Alle wichtigen Schritte werden beschrieben, wesentliche Übungen aus einer neuen Sicht heraus dargestellt und die Transformationsstufe zu einem neuen Bewusstsein geschildert. Beim Lesen und Anwenden der beschriebenen Wahrheiten eröffnet sich dem Leser eine neue Sicht auf den Sinn des Lebens. Alle, die den geistigen Weg beschreiten, werden ihn besser verstehen, ihn bewusster, mutiger und konsequenter weitergehen. Das Buch ist aus der eigenen spirituellen Erfahrung der Autorin heraus geschrieben und eröffnet den Blick in eine Zukunft, die die evolutionäre Schöpferkraft selbst schaffen wird.

Finde deine Ganzheit wieder

Mind Bridging – die Dynamik Holographischer Psychologie

Maria de Rocha Chevalley

376 Seiten, gebunden – ISBN 3-928632-58-2

Dieses Buch beschreibt ein völlig neues Konzept. Es vermittelt, wie man kreativ Brücken des Bewusstseins zwischen unseren psychischen und transzendenten Dimensionen schlagen kann.
Genau wie im Fall der zerbrochenen holographischen Platte ist auch unser **Geist-Körper** durch den **Psycho-Virus** fragmentiert worden. Er ist die kollektive Illusion, wir seien von der Ganzheit getrennt. Diese Fragmentierung spiegelt sich in unseren täglichen Schwierigkeiten und Problemen wider. Sie werden gelöst, wenn wir unsere Ganzheit wiedererlangen, wenn wir den kreativen Umgang mit unseren **Geist-Hologrammen,** unseren Brücken des Bewusstseins, wiedererlernen. Dieses kreative Selbstmanagement stellt die Verbindung zu Spontaneität, Mut und Lebensfreude wieder her. So entsteht wahrer Friede in unserem Geist!
Die Autorin erklärt auf verständliche Art und Weise, was **Holographische Psychologie** und das Mind Bridging®-Modell bedeuten und verstärkt deren praktische Anwendung durch zahlreiche Übungen. Das Buch ist erfüllt von Weisheit und spiritueller Kraft. Es führt Sie zur Ganzheit und wird Ihr Leben verbessern.

24 Stunden luzid träumen

Techniken, um den nichtdualistischen träumenden
Hintergrund der Alltagsrealität wahrzunehmen

Arnold Mindell

274 Seiten, Paperback, 52 Graphiken – ISBN 3-936486-03-4

In seinem neuesten Buch „*24 Stunden luzid träumen*" zeigt der innovative Psychotherapeut und spirituelle Lehrer Arnold Mindell zum ersten Mal auf, wie man in die Welt des Träumens eintritt, jene Welt, aus der die sichtbare Realtität hervorquillt. Greift man Ereignisse, die die eigene Aufmerksamkeit erregen wie beispielsweise Körpersymptome, Beziehungsmomente, spontane Gedanken und Phantasien auf und entfaltet deren Signale mit Hilfe der Methode des 24 Stunden luziden Träumens, tritt man vollkommen wach in die nichtdualistische Welt des Träumens ein und lernt deren Botschaften zu verstehen und in die Alltagswelt einzubringen. Die Praxis des 24 Stunden luziden Träumens hilft bei der Lösung persönlicher, körperlicher oder emotionaler Probleme. Sie hilft bei der Lösung von Konflikten in Beziehungen, Familien, Großgruppen, Unternehmen und sogar in der Politik.

50 Wege, loszulassen und glücklich zu sein

Wegweiser, Vergangenes loszulassen und glücklich in der Gegenwart zu leben

3. erweiterte Auflage

Chuck Spezzano

192 Seiten, Hardcover – ISBN 3-936486-20-4

Dieses Buch des weltweit bekannten Lebenslehrers Chuck Spezzano – eine erweiterte Neuauflage von „Glücklichsein ist die beste Vergeltung" – ist ein wichtiger Wegweiser für alle, die einen Ausweg aus ihrer Lebenskrise suchen, eine Veränderung in ihrem Leben herbeiführen und eine bessere und glücklichere Gegenwart und Zukunft für sich eröffnen wollen. In kurzen und einprägsamen Lektionen erklärt der Verfasser an vielen Beispielen, wie alte Muster aus der Vergangenheit unser Handeln in der Gegenwart beeinflussen, und macht deutlich, dass wir nur dann wahrhaftig glücklich sein können, wenn wir die Fähigkeit entwickeln, Vergangenes loszulassen. Die Wahrheit seiner Lehren und Prinzipien erweist sich immer wieder in ihrer praktischen Umsetzung im Alltag, ganz gleich, ob die Krise durch den Verlust einer Beziehung, den Tod eines geliebten Menschen oder den Verlust der Gesundheit oder des Arbeitsplatzes ausgelöst wurde. Dieses Buch wird zu einem Ratgeber, Lehrer und weisen Freund werden, der dem Leser jederzeit hilfreich zur Seite steht.

Die Kunst der Lebensfreude

Ein praktischer Weg zu mehr Lebensglück und Erfüllung

Peter Reiter

264 Seiten, Hardcover – ISBN 3-936486-19-0

Der Verfasser macht in diesem Buch dem Leser bewusst, dass Lebensfreude, Glück und Erfüllung bereits in jedem liegen, wie die mystische Philosophie sowie auch die großen Religionslehrer verkünden. Der Zustand der Freude ist kein Fernziel, kein Endzustand weniger Heiliger, Erleuchteter oder gereifter Persönlichkeiten, sondern kann von allen Menschen hier und jetzt erfahren werden, wenn sie bereit sind, sich vom selbstgeschaffenen seelischen Ballast zu befreien. Diese Lebenskunst anzuwenden, die vom Lebenskampf zur Lebensfreude führt, wird jeden freier, glücklicher und vor allem liebevoller machen. Der im Buch beschriebene Weg der Lebenskunst erfordert keine Vorbildung, ist jederzeit auf dem Weg möglich, wo immer man steht. Wenn die wenigen einfachen Regeln und Methoden dieser Kunst angewendet werden, werden Lebensaufgaben fortan mit Freude statt mit Leid ausgeführt, um geradezu „unverschämt glücklich" zu sein. Denn Glück und Unglück liegen einzig im Geist, und was ist wichtiger, als glücklich und lebensfroh zu sein?

Kontemplation und Mystik

48 Seiten, Paperback, zwei Ausgaben: Frühjahr und Herbst

ISSN 1610-2185

Kontemplation und Mystik ist eine **Zeitschrift** zu Praxis und Theorie kontemplativen Lebens. Ihr Anliegen ist, den alten, fast vergessenen christlichen Gebetsweg der Kontemplation wieder bekannt zu machen, der in den Raum mystischer Erfahrungen führt. So möchte diese Zeitschrift all jenen als Forum dienen, die sich der mystischen Tradition verbunden fühlen und konkrete Anregungen und Impulse für den eigenen spirituellen Weg suchen. Damit dient die Zeitschrift dem Dialog sowohl innerhalb der christlichen Tradition sowie zwischen den verschiedenen mystischen Erfahrungswegen der Religionen, als auch den angrenzenden Wissensgebieten und Forschungsfeldern, insbesondere der transpersonalen Psychologie.

Die Beiträge in **„Kontemplation und Mystik"** sind aus der Erfahrung heraus für die Erfahrung transpersonaler, mystischer Bewusstseinsräume geschrieben. Sie berücksichtigen gleichermaßen die mystische Tradition sowie deren Verwirklichung im spirituellen Alltag. So ist diese Zeitschrift ein wichtiger Begleiter auf dem Weg nach innen.